# A2

# Agenda 2
## Cahier d'activités

David Baglieto et Audrey Gloanec

## hachette
FRANÇAIS LANGUE ÉTRANGÈRE

# Sommaire

**Couverture** : Nicolas Piroux
**Secrétariat d'édition** : Sarah Billecocq
**Illustrations** : Corinne Tarcelin
**Conception graphique** : Amarante/Médiamax
**Mise en page** : Médiamax

**Crédits photographiques :** Shutterstock p. 19 © Ingvar Bjork ; © rimira. p. 47 et 65 © NLShop ; p. 53 © Dasha Rusanenko.

**Collaboration :**
Tous nos remerciements à **Anne Veillon-Leroux** pour la partie phonétique.

ISBN 978-2-01-155805-3

© HACHETTE LIVRE 2011, 43 quai de Grenelle, F 75 905 Paris CEDEX 15

# Ma page

Je m'appelle ..................................................................... . J'ai ......................... ans.

J'habite à ........................................................ (*ville*) au / en ................................... (*pays*).

| | Un peu (A1-A2) | Bien (B1-B2) | Très bien (C1-C2) |
|---|---|---|---|
| Je parle ou j'apprends ces langues : | | | |

**Dans ma vie quotidienne**, je rencontre des langues et des cultures différentes :

| | Oui / Non | Quelle(s) langue(s) ? | Quelle(s) culture(s) ? | Parfois / Souvent / Toujours |
|---|---|---|---|---|
| avec ma famille | | | | |
| avec des amis | | | | |
| avec des voisins | | | | |
| avec mes collègues | | | | |
| pendant les vacances | | | | |

**J'utilise une / des langue(s) :**

| | Quelle(s) langue(s) ? | Parfois / Souvent / Toujours |
|---|---|---|
| dans les lettres / les courriels | | |
| quand je suis sur Internet / quand je regarde la télévision / quand j'écoute la radio | | |
| pour communiquer avec des personnes | | |
| quand je lis des journaux / des magazines / des livres | | |

**Je suis allé(e) à l'étranger :**

| Où ? | Combien de temps ? | Pour faire quoi ? | Dans quelle langue ? |
|---|---|---|---|
| | | | |
| | | | |
| | | | |

**En français, je veux :**

| | Détails |
|---|---|
| rencontrer des amis | |
| travailler / étudier | |
| voyager | |
| comprendre des films, des chansons | |

## Activité 1

**Je relie les façons de saluer selon les personnes à qui je m'adresse. Plusieurs réponses sont possibles.**

Salut ! •                                    • Mon amie Lili
Coucou ! •                                   • Mon voisin
Bonjour ! •                                  • Ma petite sœur
Comment allez-vous ? •                       • Ma directrice
Au revoir ! •                                • Mon boulanger
À bientôt ! •

##  Activité 2

**Je transforme les dialogues en discours formel. J'écoute pour corriger.**

**a.** Armelle : Salut, comment tu vas ? ....................................................................

Philippe : Coucou, la forme et toi ? ....................................................................

**b.** Aline : Bon, il faut que je te laisse. À plus ! ....................................................

Alice : Ok, ciao ! ....................................................................

## Activité 3

**Je complète avec les mots pour s'adresser aux gens selon les situations.**

*Excusez-moi – Pardon – S'il vous plaît – Bonjour, madame*

**a.** Un serveur qui s'adresse à une cliente : ....................................................

**b.** Une cliente à un serveur : ....................................................................

**c.** Vous interrompez une conversation : ....................................................

**d.** Quelqu'un dans la rue vous bloque le passage : ....................................

## Activité 4

**Je regarde le(s) dessin(s) et j'indique si les affirmations sont vraies ou fausses. Je corrige les erreurs.**

Malika                                        Rebecca

| Affirmations | V | F |
|---|---|---|
| **a.** Malika est petite et grosse. <br> Correction : ................................................. | | |
| **b.** Malika porte des lentilles de contact. <br> Correction : ................................................. | | |
| **c.** Malika a une belle chevelure noire. <br> Correction : ................................................. | | |
| **d.** Rebecca est très grande. <br> Correction : ................................................. | | |
| **e.** Rebecca porte un pantalon. <br> Correction : ................................................. | | |
| **f.** Rebecca a les cheveux courts et raides. <br> Correction : ................................................. | | |
| **g.** Rebecca a les oreilles percées. <br> Correction : ................................................. | | |

## Activité 5

**J'écoute et j'écris le nom des personnages au bon endroit sous le dessin.**

................................     ................................     ................................

## Activité 6

**Je décris une personne de mon quartier (mon/ma concierge, le voisin du dessus ou un commerçant : boulanger, boucher...).**

................................................................................................
................................................................................................
................................................................................................
................................................................................................
................................................................................................
................................................................................................

## Activité 7

**Je transforme les questions dans un autre registre de langue.**

*Tu vas où ?* ⇨ *Où vas-tu ? / Où est-ce que tu vas ?*

**a.** Comment vous appelez-vous ? ........................................................................................................

**b.** Vous êtes mariés ? ........................................................................................................................

**c.** Avez-vous un animal de compagnie ? ...........................................................................................

**d.** Comment est-ce que vous allez au travail ? ..................................................................................

**e.** Vous partez quand en vacances ? .................................................................................................

**f.** Tu déjeunes avec qui à midi ? ......................................................................................................

## Activité 8

**Je complète avec** *que* **ou** *quoi*.

**a.** ........................ voulez-vous lui dire ?

**b.** Ton adresse, c'est ........................ ?

**c.** Tu penses à ........................ ?

**d.** ........................ préparons-nous pour le dîner ?

**e.** Vous faites ........................ ?

**f.** Ils disent ........................ ?

## Activité 9

**Je reprends l'exercice précédent. Je transforme toutes les phrases en changeant le mot interrogatif.**

**a.** *Que voulez-vous lui dire ?* ⇨ *Vous voulez lui dire quoi ?*

**b.** ........................................................................................................................................................

**c.** ........................................................................................................................................................

**d.** ........................................................................................................................................................

**e.** ........................................................................................................................................................

**f.** ........................................................................................................................................................

## Activité 10

**J'écoute et je coche les phrases interrogatives. Je note « ? » ou « . ».**

☐ **a.** Tu apprends le français pour le plaisir

☐ **b.** Tu parles le japonais couramment

☐ **c.** On y va

☐ **d.** Tu as compris ce que je te dis

☐ **e.** C'est ça la différence

☐ **f.** Tu as faim

☐ **g.** Aujourd'hui, tu vas chercher les enfants à la garderie

☐ **h.** Tu vas courir avec ces chaussures

# Arrivée à Marseille

## Activité 11

**Je réponds aux questions à la forme négative.**

**a.** – Tu veux du gâteau ? – Non, .................................................................................................

**b.** – J'aime le chocolat et toi ? – Moi, ......................................................................................

**c.** – Est-ce que tu vois un chat dans le jardin ? – Non, .....................................................

**d.** – Tu manges des petits pois avec ton poisson ? – Non, ...............................................

**e.** – Tu prends l'abonnement mensuel du métro ? – Non, ................................................

## Activité 12

**Je complète les phrases avec les articles définis (*le*, *la*, *les*, *l'*), indéfinis (*un*, *une*, *des*) ou contractés (*au*, *de*). Attention à la négation !**

**a.** J'adore ............... café et pour commencer ............... journée, je bois ............... bon café.

**b.** – Est-ce que je connais ............... restaurant chinois ? ............... restaurant qui fait ............... excellent canard laqué ? – Désolé, mais je ne connais pas ............... restaurant comme ça.

**c.** – Est-ce que vous avez ............... timbres ? – Non, je n'ai pas ............... timbres.

**d.** ............... voisine est ............... femme très serviable. Elle aide tous ............... habitants de l'immeuble.

**e.** – Est-ce que tu vas ............... supermarché pour faire tes courses ? – Non, je préfère aller ............... marché. Je trouve ............... légumes plus frais et ............... fruits sont meilleurs.

**PHONÉTIQUE**

## (5) Activité 13

**J'écoute et j'écris les questions dans le tableau.**

*a. Comment allez-vous ? b. Qu'est-ce que tu fais ce soir ? c. Tu aimes le sport ? d. Où habitez-vous ?*
*e. Tu parles italien ? f. Pourquoi tu étudies le français ? g. Aimez-vous la musique ?*
*h. Vous avez quel âge ? i. Tu étudies à l'université ? j. Quelle est votre couleur préférée ?*
*k. Vous êtes né où ? l. Combien de langues parlez-vous ?*

| La voix monte ↗ | La voix descend ↘ |
|---|---|
| | |
| | |
| | |
| | |
| | |
| | |

## (6) Activité 14

**J'écoute et je complète les phrases avec *il* ou *elle*.**

**a.** ............ parle et ............ écoute.

**b.** ............ demande et ............ répond.

**c.** ............ travaille et ............ s'amuse.

**d.** ............ marche et ............ court.

**e.** ............ se réveille et ............ s'endort.

**f.** ............ entre et ............ sort.

## Activité 1

**Je numérote les dessins en fonction des activités, puis je relie les verbes aux activités et j'écris l'article qui convient (*à la, au* / *de la, du*).**

JOUER •

FAIRE •

1. .................... badminton
2. .................... ski
3. .................... tennis
4. .................... voile
5. .................... saxophone
6. .................... natation

a.
..........

c.
..........

e.
..........

b.
..........

d.
..........

f.
..........

## Activité 2

**Je classe dans le tableau les activités suivantes. (Plusieurs réponses sont possibles.)**

*jouer aux cartes / un jeu de société / le tennis / la voile / le basket-ball / le ski / la lecture / les jeux vidéo / la danse / la natation / le hand-ball / la musique*

|  | En groupe | Individuelles |
|---|---|---|
| Activités d'intérieur | | |
| Activités d'extérieur | | |

Quelle est l'activité qui peut aller dans presque toutes les colonnes ? ..................................

# Temps libre

## Activité 3

**J'imagine les activités des personnes. J'écris des phrases et j'utilise** *j'adore*, *j'aime*, *j'aime beaucoup*, *je n'aime pas trop*.

**a.** Philippe, 45 ans, professeur d'anglais, peu sportif, très sociable.

.................................................................................................................................................

**b.** Pierre, 15 ans, sportif, individualiste, aime les défis.

.................................................................................................................................................

**c.** Céline, 35 ans, s'intéresse à tout, sportive et intellectuelle, aime être avec ses amis.

.................................................................................................................................................

**d.** Béa, 30 ans, vient d'une famille riche, peu sportive, a beaucoup de caractère, aime le luxe.

.................................................................................................................................................

 ## Activité 4

**J'écoute et j'indique si les affirmations suivantes sont vraies ou fausses.**

| Affirmations | V | F |
|---|---|---|
| **a.** Céline n'aime pas la marche. | | |
| **b.** Céline aime les jeux de société. | | |
| **c.** C'est le premier concours que Céline organise. | | |
| **d.** Béa ne joue pas au Trivial Pursuit. | | |
| **e.** Philippe est malade. | | |
| **f.** Philippe n'a pas l'habitude de faire du saut à l'élastique. | | |

## Activité 5

**Je complète le dialogue avec les expressions suivantes. J'écoute pour corriger mes réponses.**

*Qu'est-ce que vous avez dit – S'il vous plaît – Comment ça s'écrit –*

*Vous pouvez répéter – je n'ai pas compris le nom*

– ................................................... , Monsieur, savez-vous où se trouve la rue... ?

– Excusez-moi, mais je n'ai pas entendu. ................................................... ?

– Oui, je cherche la rue Grimoire.

– Comment ? ................................................... ? La rue « gris-noir » ?

– Non, pas gris-noir. Grimoire.

– Je suis désolé, mais ................................................... . ................................................... ?

– Grimoire : G.R.I.M.O.I.R.E.

– Ah, Grimoire, mais oui, je suis bête ! Alors, la rue Grimoire, c'est la deuxième à droite.

# ☒ à savoir
# ☒ à prononcer

## Activité 6

**Je réponds aux questions de manière négative.**

**a.** Tu vois quelque chose ?

.................................................................................................................................

**b.** Vous prenez encore des cours de natation ?

.................................................................................................................................

**c.** Vous voulez encore manger quelque chose ?

.................................................................................................................................

**d.** Nous attendons quelqu'un pour le dîner ?

.................................................................................................................................

**e.** Tu as reçu les résultats des examens ?

.................................................................................................................................

**f.** Tu t'es réveillé à huit heures ce matin ?

.................................................................................................................................

## Activité 7

**J'écoute et je coche les mots que j'entends.**

☐ pas                 ☐ tout le monde        ☐ rien              ☐ personne
☐ quelqu'un           ☐ plusieurs            ☐ plus rien         ☐ jamais

## Activité 8

**J'écoute à nouveau et je remets les éléments de l'histoire dans l'ordre.**

*pas de message – ma femme me réveille – personne dans la maison – personne ne parle – pas de bruit*

.................................................................................................................................

.................................................................................................................................

## Activité 9

**Je remets les mots dans l'ordre pour faire des phrases. J'écoute pour corriger.**

**a.** acheter / Vous / pour / la / votre / médicaments / de / pharmacie / à / les / voisin / allez

.................................................................................................................................

**b.** Elle / elle / attendre / a / dans / 7 / métro / minutes / suivant / doit / raté / et / qui / le / le / arrive

.................................................................................................................................

**c.** Tu / ton / poids / plus / du / et / tu / ne / pris / pantalon / as / rentres / dans

.................................................................................................................................

**d.** immeuble / J' / il / piscine / où / dans / privée / a / habite / y / un / une

.................................................................................................................................

**e.** ne / année / qui / d' / avons / mais / devoirs / beaucoup / très / nous / leurs / élèves / intelligents / pas / sont / Cette / qui / font

.................................................................................................................................

# Temps libre

## Activité 10

**J'écris une phrase complexe avec les verbes proposés.**

**a.** rire – s'amuser : ...........................................................................................................

**b.** marcher – se reposer : ...................................................................................................

**c.** travailler – avoir une récompense : .............................................................................

**d.** faire les courses – être chargé(e) : .............................................................................

## Activité 11

**Je relie les questions et les réponses.**

**a.** Pourquoi nous étudions ?  •
**b.** Pourquoi il apprend le français ?  •
**c.** Pourquoi tu achètes beaucoup d'œufs ? •
**d.** Pourquoi il faut beaucoup de courage ? •
**e.** Pourquoi elle fait les magasins ?  •
**f.** Vous prenez le tram ?  •
**g.** Ils font un régime ?  •

• Pour avoir de bonnes notes.
• Pour devenir pompier.
• Oui, c'est pour éviter les embouteillages.
• Oui, ils le font pour maigrir.
• Pour communiquer à l'étranger.
• C'est pour faire une omelette géante.
• C'est pour acheter ton cadeau.

## Activité 12

**J'écris deux phrases pour chaque question.**

Que faut-il faire pour...

**a.** être en forme ? Pour être en forme il faut ...............................................................

Je dois ................................................................................................................................

**b.** ne pas tomber malade ? ..............................................................................................

..............................................................................................................................................

**c.** rester jeune ? .................................................................................................................

..............................................................................................................................................

**d.** être à l'heure à ses rendez-vous ? ..............................................................................

..............................................................................................................................................

## PHONÉTIQUE

**11** Activité 13

**J'écoute, j'écris et je répète les questions des deux manières (+ formelle et – formelle).**

**a.** Où habites-tu ?                    ⇨ Tu habites où ?

**b.** ................ vas-................ ?      ⇨ ................ vas ................ ?

**c.** ................ étudies-................ ?   ⇨ ................ étudies ................ ?

**d.** ................ es-................ ici ?     ⇨ ................ es ici ................ ?

**e.** ................ fais-................ tes courses ?  ⇨ ................ fais tes courses ................ ?

**f.** Cours-................ ?              ⇨ ................ cours ................ ?

🔍 **1.** **Je coche ce que je dis quand j'arrive au club de sport pour la première fois.**

☐ Salut !  ☐ Comment ça va ?  ☐ Je peux faire quelque chose pour vous ?

☐ Je peux vous renseigner ?  ☐ Je voudrais des renseignements.  ☐ Bonjour.

✏️ **2.** **J'écris mes questions pour le responsable de la pétanque qui est absent. Je lui demande des renseignements sur : a. les horaires et les jours d'entraînement / b. le nombre d'inscrits / c. le lieu de l'entraînement / d. les matchs / e. les frais d'inscription / f. l'équipement.**

a. ..........................................................................................................................

b. ..........................................................................................................................

c. ..........................................................................................................................

d. ..........................................................................................................................

e. ..........................................................................................................................

f. ..........................................................................................................................

✏️ **3.** **Je rentre chez moi et j'écris un message à un ami pour lui décrire la personne rencontrée au club de sport. Je la trouve charmante.**

| |
|---|
| .......................................................................................................................... |
| .......................................................................................................................... |
| .......................................................................................................................... |
| .......................................................................................................................... |
| .......................................................................................................................... |
| Je crois que j'irai souvent au club de sport. ☺ <br> Bisous |

🎧 12 **4.** **J'écoute. Je réponds aux questions pour vérifier que j'ai bien compris le message vocal du responsable de la pétanque du club de sport.**

a. Quel est le jour de l'entraînement ? ..............................................................................

b. Quels sont les horaires ? ............................................................................................

c. Combien d'adhérents y a-t-il ? ......................................................................................

**5.** J'écoute encore et j'indique si les affirmations sont vraies ou fausses.

| Affirmations | Vrai | Faux |
|---|---|---|
| **a.** Il y a deux entraînements par semaine. | | |
| **b.** Les entraînements et les tournois se font au même endroit. | | |
| **c.** Il n'y a pas de match en hiver. | | |
| **d.** Il y a des tournois tous les dimanches. | | |
| **e.** Le club ne donne pas les équipements. | | |

**6.** Je lis le texte et j'indique si les affirmations sont vraies ou fausses.

On joue avec des boules métalliques d'un diamètre entre 71 et 80 mm et d'un poids entre 650 et 800 grammes. Ne pas oublier le but, appelé aussi « cochonnet » ou « bouchon » ! Il s'agit d'une petite boule en bois, d'un diamètre de 25 ou 35 mm.

**Le terrain**
Vous devez tout d'abord choisir votre terrain. La pétanque se joue partout. Choisissez un terrain plat dont les dimensions sont comprises entre 3 et 4 mètres de large et une douzaine de mètres de long.

**Nombre de joueurs**
Vous pouvez jouer seul contre un adversaire (vous jouerez alors en « tête-à-tête ») ou bien constituer une équipe de deux (« doublettes ») ou de trois joueurs (« triplettes »). En triplette, vous avez (ainsi que vos adversaires !) deux boules chacun. En doublette et en tête-à-tête, vous avez trois boules.

**Le but du jeu est très simple :** vous devez lancer vos boules le plus près possible du but.
En début de partie, vous tracez un cercle sur le sol. C'est dans ce cercle que vous vous placez pour lancer vos boules. Pour que la partie commence, il faut que le but se trouve entre 6 et 10 mètres du cercle. La boule qui se trouve le plus près du but a le point.

**Il y a deux façons de lancer les boules :**
– « pointer », c'est jeter la boule pour s'approcher le plus possible du but et donc « faire le point » ;
– « tirer », c'est jeter la boule pour faire partir la boule de l'adversaire.

|  | Vrai | Faux |
|---|---|---|
| **a.** Toutes les boules sont en métal. | ☐ | ☐ |
| **b.** Le cochonnet est plus petit que les autres boules. | ☐ | ☐ |
| **c.** Pour jouer à la pétanque, il faut un terrain très spécial. | ☐ | ☐ |
| **d.** On peut jouer en équipe. | ☐ | ☐ |
| **e.** Je gagne si j'ai le plus de boules près du cochonnet. | ☐ | ☐ |
| **f.** Quand je tire, j'essaie de faire partir la boule de mes adversaires et de prendre la place. | ☐ | ☐ |

## Activité 1

**J'associe un vêtement ou un accessoire avec une matière.**

a. une chemise •
b. un collier •
c. des bottes •
d. un pull •

• 1. en plastique
• 2. en cuir
• 3. en coton
• 4. en laine

## Activité 2

**Je lis l'article et je coche les 5 vêtements et accessoires préférés des jeunes pour l'hiver et pour l'été.**

Voici les résultats d'une enquête faite sur 600 lycéens français concernant leurs préférences en vêtements.
En été, le vêtement préféré est le jean (55 %), ensuite on trouve les shorts en coton (36 %) et enfin les jupes (9 %). Les T-shirts sont toujours les grands gagnants (78 %), les chemises sont en baisse (22 %). En hiver, la veste ne se vend plus (20 %) mais les pulls (57 %) sont très appréciés. Les bottes sont premières (77 %) devant les chaussures de sport (23 %). Le chapeau n'est plus à la mode (17 %). C'est le bonnet le grand gagnant de cette année (83 %).

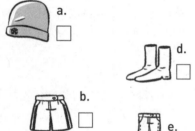
a. ☐

d. ☐

b. ☐

e. ☐

f. ☐

h. ☐

j. ☐

c. ☐

g. ☐

i. ☐

k. ☐

## Activité 3

**Vrai ou faux ? Je lis l'article du magazine *Mode +* et je coche.**

Au début du 20e siècle, Coco Chanel change le style féminin. Elle crée des vêtements élégants et pratiques. Elle veut des femmes chics mais simples. Elle ne veut plus de tenues peu pratiques ou inconfortables et elle imagine des vestes et des jupes faciles à porter. Elle propose des robes noires et blanches, mais aussi des chemises, des pulls et des pantalons. Elle vend des chapeaux que les femmes du monde entier aiment beaucoup. Elle invente un nouveau style, mélange de vêtements féminins et masculins. La femme moderne est née.

|  | Vrai | Faux |
|---|---|---|
| a. Coco Chanel change la mode féminine. | ☐ | ☐ |
| b. Ses vêtements doivent être beaux mais pas pratiques. | ☐ | ☐ |
| c. Avant Coco Chanel, les femmes portaient des vêtements inconfortables. | ☐ | ☐ |
| d. Elle est célèbre pour ses vestes et ses jupes. | ☐ | ☐ |
| e. Son style est inconnu. | ☐ | ☐ |
| f. Ses chapeaux sont un succès. | ☐ | ☐ |

## 🎧 Activité 4

**J'écoute le dialogue et je réponds aux questions. Je coche.**

**a.** Combien de vêtements achète Souad ? ☐ 2 ☐ 4 ☐ 5

**b.** Quels sont les vêtements demandés ? .......................................................................

**c.** Souad Datoul veut un pantalon ☐ vert ☐ rouge ☐ noir.

**d.** Quand peut-elle avoir ses vêtements ? .......................................................................

**e.** Où la cliente peut-elle prendre ses vêtements ? .......................................................

## Activité 5

**Je remplis le questionnaire pour une nouvelle marque de vêtements.**

Prénom : ....................................... Nom : ....................................... Âge : ...............

Profession : ............................... Loisirs : ...................................................

1. Quelle est la matière que vous préférez ? ☐ la laine ☐ le coton ☐ le plastique ☐ le cuir

2. Quel est le vêtement que vous portez le plus ?
☐ une jupe ☐ un jean ☐ un short ☐ une robe ☐ un pantalon

3. Quel vêtement vous préférez ? ☐ une chemise ☐ un T-shirt

4. Le vêtement pratique pour vous, c'est ☐ la robe ☐ le jean ☐ le short ☐ la jupe ☐ le pantalon.

5. L'accessoire chic pour vous, c'est ☐ un chapeau ☐ un sac ☐ des bottes ☐ une cravate.

6. Votre pointure, c'est le ☐ 36 ☐ 37 ☐ 38 ☐ 39 ☐ 40 ☐ 41 ☐ 42 ☐ 43 ☐ 44 ☐ 45 ☐ 46.

## Activité 6

**J'ai rendez-vous avec une personne que je ne connais pas. Je lui écris un texto pour décrire les vêtements que je porte.**

.....................................................................................................................................

.....................................................................................................................................

## Activité 7

**J'écris un message pour dire à une amie ce qu'elle devrait porter à une soirée.**

À : @ Julie

Salut, tu vas aussi à la soirée de Martine ? Je ne sais vraiment pas quoi porter. J'ai essayé tous mes vêtements mais rien ne va… Je veux mettre une jupe rose avec des collants jaunes et une veste verte sur un T-shirt orange. Et, comme il fait froid, des bottes de ski. Qu'est-ce que tu en penses ?
Aide-moi ! Bises,
Bérénice

À : @ Bérénice

Salut,
Tu devrais....................................................................................................................

.....................................................................................................................................

.....................................................................................................................................

## Activité 8

**L'agenda de mon amie est complet !
Je fais des phrases pour décrire son programme.**

*Lundi, elle fait les soldes au magasin « Bon Marché ».*

.................................................

.................................................

.................................................

.................................................

.................................................

.................................................

.................................................

| lundi | jeudi |
|---|---|
| faire soldes au magasin « Bon Marché » | revenir à la maison tôt |
| mardi | vendredi |
| aller au cinéma à 20 h 30 (cinéma Atlas) | prendre RDV chez le coiffeur |
| | samedi |
| | sortie théâtre avec Jules et Jim |
| mercredi | dimanche |
| dire joyeux anniversaire à Martine | départ pour le Brésil, aéroport de Roissy, 10 h |

## Activité 9

**J'écris un mot à mon directeur pour lui demander si je peux partir à 15 heures. J'utilise les verbes au conditionnel :** *vouloir, pouvoir, être, devoir…*

Monsieur,

Je voudrais .................................................................................

.................................................................................................

.................................................................................................

## 🎧 Activité 10

**J'écoute le médecin. Il me donne des conseils. J'écris les verbes qui sont au conditionnel et je donne leur infinitif.**

.................................................................................................

.................................................................................................

.................................................................................................

## Activité 11

**Je regarde le dessin et je conseille la personne pour s'habiller.
J'utilise le conditionnel des verbes** *devoir, pouvoir* **et** *être.*

Vous ........................................................................

.................................................................................................

.................................................................................................

# Courses à Genève

## (15) Activité 12

**J'écoute les phrases et je complète avec *!* ou *?*.**

a. Quelle belle robe .........

b. Quel modèle veux-tu .........

c. Quels idiots, ces garçons .........

d. Quels vêtements tu portes ce soir .........

e. Quelles chaussures tu préfères .........

f. Quelle beauté, cette fille .........

## Activité 13

**Je vais dans une boutique. Je complète les phrases avec *quel*, *quelle*, *quels* ou *quelles*.**

a. ..................... jolies bottes !

b. ..................... manteau tu veux ?

c. ..................... petite jupe !

d. ..................... anorak tu choisis ?

e. ..................... bijoux je t'offre ?

f. ..................... belles chaussures !

## Activité 14

**J'associe les questions ou exclamations aux réponses.**

a. Quelle femme voudrait une robe pareille !  •
b. Quel short me va le mieux ?  •
c. Quels amis viennent à ta soirée ?  •
d. Quelles chaussures je vais choisir ?  •
e. Quel vendeur sympathique !  •
f. Quelle heure est bien pour aller faire du shopping ? •

• 1. Augustin et Émilie.
• 2. Prends les rouges.
• 3. Oui, il est charmant !
• 4. Pas moi !
• 5. 10 h le matin, il n'y a personne.
• 6. À mon avis, le blanc.

## PHONÉTIQUE

## (16) Activité 15

**Je m'entraîne à répéter ces phrases.**

a. Tu dois le voir.
Tu dois le revoir.

b. Les Suisses.
Les trois Suisses.

c. Une nuit noire.
Une nuit noire lilloise.

d. Ce soir à minuit.
Ce soir à minuit huit.

e. Louis, c'est lui !
Lui, c'est Louis.

f. De la buée dans le miroir.
Pourquoi de la buée dans le miroir ?

## (17) Activité 16

**J'écoute et je complète les phrases avec *oi*, *oin*, *ou*, *oui* / *ui*.**

a. Seule devant mon mir.....r, j'hésite : d.....s-je ch.....sir ma robe du s.....r n.....re et mes bottes en c.....r
      [w]        [w]     [w]          [w] [w]         [ɥ]

pour sortir ce s.....r avec L.....s ? Je cr.....s qu'il est amoureux de m..... et je s.....haite l..... plaire.
     [w]      [w]      [w]            [w]   [w]   [ɥ]

b. En j.....llet, j'ai l.....é un chalet en S.....sse. Je veux f.....r la ville et partir l..... du br.....t, l..... de la pollution et
   [ɥ]       [w]         [ɥ]          [ɥ]         [w]   [ɥ] [w]

l..... des enn.....s quotidiens.
[w]     [ɥ]

## Activité 1

**Je trouve les couleurs.**

**a.** Ce sont les couleurs d'un arbre : .................................................................................................

**b.** Ce sont les couleurs de l'habit du Père Noël : ..............................................................................

**c.** C'est la couleur du soleil : ...........................................................................................................

**d.** C'est la couleur du ciel : ..............................................................................................................

**e.** C'est la couleur de la nuit : ..........................................................................................................

## Activité 2

**J'écris des phrases pour faire deviner la couleur.**

**a.** Le rouge : c'est la couleur de ......................................................................................................

**b.** Le vert : c'est la couleur de .........................................................................................................

**c.** Le bleu : c'est la couleur de .........................................................................................................

**d.** Le jaune : c'est la couleur de .......................................................................................................

**e.** Le orange : c'est la couleur de .....................................................................................................

## 18 Activité 3

**Je relie les formes à leur nom puis j'écoute et j'entoure les formes entendues.**

un carré                                                                                              une étoile

un triangle 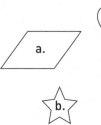 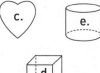 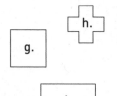                                   un cylindre

un rond                                                                                               un cube

un rectangle                                                                                          une croix

un losange                                                                                            un cœur

## Activité 4

**Je classe les objets dans le tableau selon leur matière. Plusieurs réponses sont possibles.**

*une table – un sac – un ordinateur – une sculpture – une serviette – un pull – un stylo – une chaussure –
un bureau – une boîte – un bonnet – une voiture – une casserole – un emballage*

| en cuir | en plastique | en tissu | en bois | en métal | en carton | en laine |
|---------|--------------|----------|---------|----------|-----------|----------|
| ........ | ........ | ........ | ........ | ........ | ........ | ........ |
| ........ | ........ | ........ | ........ | ........ | ........ | ........ |
| ........ | ........ | ........ | ........ | ........ | ........ | ........ |
| ........ | ........ | ........ | ........ | ........ | ........ | ........ |

Quel est l'objet qui peut avoir le plus de matières différentes ? .......................................................

# Retrouvailles

## Activité 5

**Je décris les objets. J'indique leur forme et leur matière.**

a.

b.

a. ................................................................................................................................

b. ................................................................................................................................

## Activité 6

**J'invente deux objets qui n'existent pas. Je les décris comme dans l'exemple.**

*Amis des bêtes, ne manquez pas cette magnifique occasion de capturer des animaux et de les laisser en liberté. Ce filet sans fond est fait pour vous !*

a. ................................................................................................................................
................................................................................................................................
................................................................................................................................

b. ................................................................................................................................
................................................................................................................................
................................................................................................................................

## Activité 7

**J'écoute et je relie les phrases aux changements. Puis, j'indique si les changements sont positifs (+) ou négatifs (–).**

| Phrase | Ce qui a changé | Changement + ou – | |
|---|---|---|---|
| a. | une profession | ☐ | ☐ |
| b. | un mode de vie | ☐ | ☐ |
| c. | un régime alimentaire | ☐ | ☐ |
| d. | un endroit | ☐ | ☐ |
| e. | un logement | ☐ | ☐ |

## Activité 8

**J'écoute à nouveau et j'écris les différentes façons d'indiquer un changement.**

a. ........................................................... / ...........................................................

b. ........................................................... / ...........................................................

c. ........................................................... / ...........................................................

d. ........................................................... / ...........................................................

e. ........................................................... / ...........................................................

# ☒ *à savoir*
# ☒ *à prononcer*

## ⟨20⟩ Activité 9

**J'écoute, je devine et j'écris le nom de l'objet.**

a. .................................................................................................

b. .................................................................................................

c. .................................................................................................

d. .................................................................................................

## Activité 10

**J'écris cinq devinettes sur le modèle de celles de l'activité 9.**

a. .................................................................................................

b. .................................................................................................

c. .................................................................................................

d. .................................................................................................

e. .................................................................................................

## Activité 11

**Je transforme les phrases avec** *ce qui / que... c'est*, **comme dans l'exemple.**

*J'aime son humour.* ⇨ *Ce que j'aime (le plus) chez lui, c'est son humour.*

a. Le dimanche, je préfère rester chez moi et ne rien faire. ......................................

b. Il voudrait acheter une Ferrari. ..............................................................

c. J'apprécie son esprit de synthèse. ..........................................................

d. Dans le métro, je déteste qu'on lise par-dessus mon épaule. ................................

e. Le silence de la campagne me relaxe. ......................................................

## Activité 12

**Je transforme les phrases avec l'expression** *ne... que.*

a. J'ai seulement 3 euros dans mon porte-monnaie. ..........................................

b. Tu parles uniquement français ? ............................................................

c. Elle est allergique à beaucoup d'aliments, elle peut manger seulement quelques légumes.

.................................................................................................

d. Avec cette pluie, nous sortons seulement pour promener le chien.

.................................................................................................

e. Ils boivent uniquement du thé, jamais de café. ............................................

## Activité 13

**Je transforme comme dans l'exemple.**

*Nous avons une voiture, une moto et un camping-car.* ⇨ *Moi, je n'ai qu'une moto.*

⇨ *Moi, j'ai seulement une moto.*

a. Elle a un chat, deux chiens et trois tortues. ..............................................

b. Pour le voyage, j'ai emmené 15 chemises et 5 pantalons. ................................

# Retrouvailles

**c.** Dans notre jardin, nous avons planté 25 sortes de fruits et légumes.

........................................................................................

**d.** Dans sa trousse, elle a des stylos et des crayons de couleurs.

........................................................................................

**e.** Quand nous faisons les courses, nous achetons des aliments pour trois semaines.

........................................................................................

 **Activité 14**

**J'écoute le début de l'histoire et j'écris la suite. Je raconte comment s'est passé le voyage, je décris le paysage et l'arrivée à destination. Je n'oublie pas de parler des émotions des personnes.**

........................................................................................

........................................................................................

........................................................................................

## PHONÉTIQUE

 **Activité 15**

**J'écoute et je transforme les phrases comme dans l'exemple.**

*J'écoute : « Qu'est-ce que tu̲ en penses ? »* ⇨ *Je dis : « Qu'est-ce que tu̸ en penses ? »*
*J'écoute : « Tu̸ as fini ton travail ? »* ⇨ *Je dis : « Tu̲ as fini ton travail ? »*

**a.** I̸l n̸'y a plus de̸ pain.

**b.** Tu̲ aimes cette peinture ?

**c.** Je ne̸ sais pas ce̸ que je̸ vais faire.

**d.** Pourquoi est-ce que tu̸ es partie ?

**e.** Il pense que tu vas ve̸nir avec lui.

**f.** Je̸ voudrais un pe̸tit café.

 **Activité 16**

**J'écoute et je répète ces mini-dialogues. Je respecte le nombre de syllabes.**

| 2 syllabes | 3 syllabes | 4 syllabes |
|---|---|---|
| Tu es là ? [tɛ_la]<br>Je suis là. [ʃɥi_la] | Il va venir ? [i_vav_nir]<br>Oui, je suis sûr. [wi_ʃɥi_syr] | Qu'est-ce que tu fais ? [kɛs_kə_ty_fɛ]<br>Je suis venu pour toi. [ʃɥi_vny_pur_twa] |
| | | |
| Tu le fais ? [tyl_fɛ]<br>Bien sûr ! [bjɛ_syr] | Qu'est-ce qui se passe ? [kɛs_kis_pas]<br>Je ne sais pas. [ʒən_sɛ_pa] | Qu'est-ce que tu as dit ? [kɛs_kə_ta_di]<br>J'ai dit que je vais bien. [ʒɛ_di_kʒvɛ_bjɛ̃] |
| | | |
| Bienvenue ! [bjɛv_ny]<br>Merci. [mɛr_si] | Tu en veux une ? [tã_vø_yn]<br>Oui, je veux bien. [wi_ʒvø_bjɛ̃] | Tu le feras samedi ? [tyl_fra_sam_di]<br>Je ne sais pas encore. [ʃɛ_pa_ã_kɔr] |

**1.** J'observe les dessins et je décris les habits de l'homme (avant/maintenant) puis de la femme (avant/maintenant). J'utilise l'imparfait et le présent. J'utilise aussi *ne... que*.

*Avant, les femmes ne portaient que des robes longues.*

..........................................................................................

..........................................................................................

..........................................................................................

..........................................................................................

..........................................................................................

..........................................................................................

..........................................................................................

**2.** J'écoute et je réponds aux questions quand c'est possible.

**a.** Qu'est-ce que Sandra propose de visiter ? ...............................................................................

**b.** Combien coûte l'entrée du musée ? ...............................................................................

**c.** Quelles sont les informations que Malou doit chercher sur Internet ? .......................................

**d.** Quand Sophie voudrait aller au musée ? ...............................................................................

**e.** Comment Sandra veut-elle faire pour visiter le musée ? .......................................................

**3.** Je lis et je complète les informations.

http://www.cncs.fr

C**entre national du costume de scène**

**Horaires et adresse**
CNCS
Quartier Villars, route
de Montilly
03000 Moulins
Tél. : 04 70 20 76 20
info@cncs.fr
www.cncs.fr

### Visites

VISITES LIBRES tous les jours d'ouverture aux heures d'ouverture
*Durée* : 1 h environ
VISITES GUIDÉES à 14 h 30 et à 16 h tous les samedis et dimanches
*Durée* : 1 h 30

### Tarifs

• **Plein tarif** : 5 € (5 € supplémentaires pour la visite guidée)
• **Tarif réduit** : 2,50 € (pour les 12-25 ans, les demandeurs d'emploi, les groupes à partir de 10 personnes)
• **Gratuit** : enfants de – de 12 ans accompagnés

### Venir en voiture, avion, train

• **En voiture** : depuis Paris, autoroute A6 puis A77 et A71, sortie « Montmarault » ; depuis le Sud, autoroute A75 puis N9 directions « Moulins »
• **En avion** : aéroport de Clermont-Ferrand, Auvergne
• **En train** : 2 h 30 de la gare de Lyon (Paris), ligne « Paris-Clermont-Ferrand », arrêt « Moulins-sur-Allier »

Le CNCS est ouvert tous les jours du lundi ou dimanche.
De septembre à juin : de 10 h à 18 h.
En juillet et août : de 10 h à 19 h.
Fermeture les jours fériés sauf le dimanche.

**a.** L'adresse complète : ...............................................................................................................................................

**b.** Les moyens de transport pour y arriver : .........................................................................................................

**c.** Les horaires d'ouverture et de visites guidées : ...........................................................................................

..............................................................................................................................................................................................

**d.** Le prix : ........................................................................................................................................................................

✎ **4. J'écris un message pour donner toutes les informations à mes amies.**

○ ○ ○

📨 Envoyer maintenant    📨 Envoyer ultérieurement    🗒 🔗 ▾ 🗑 📎 ✒ Signature ▾ 📋 Options ▾ 📑 📇 Insérer ▾ 📰 Catégories ▾

À : @ copines

Salut les filles,
Bon alors, pour commencer, ce n'est pas un musée, mais c'est « le centre national du costume de scène » !
J'ai trouvé toutes les informations que vous m'aviez demandées :
..............................................................................................................................................................................................
..............................................................................................................................................................................................
..............................................................................................................................................................................................
..............................................................................................................................................................................................
..............................................................................................................................................................................................

✎ **5. J'explique l'utilisation des objets que j'ai vus pendant la visite du centre national du costume. J'utilise les mots** *qui, que, quel (quelle), ce... qui, ce... que*.

*Le corset est un sous-vêtement que les femmes portaient tout le temps. C'est un objet qui est beau à voir mais qui est douloureux à porter. Il servait à rendre la taille des femmes plus fine. C'est un objet que les hommes adoraient mais que les femmes détestaient.*

**a.** une ombrelle
..............................................................................................................................................................................................
..............................................................................................................................................................................................
..............................................................................................................................................................................................

**b.** un bonnet de nuit
..............................................................................................................................................................................................
..............................................................................................................................................................................................
..............................................................................................................................................................................................

**c.** une montre de gousset
..............................................................................................................................................................................................
..............................................................................................................................................................................................

## Activité 1

**Je barre l'intrus.**

**a.** une bouteille d'eau – des chaussures de marche – un billet de train – des lunettes de soleil
**b.** une forêt – une station de ski – skier – une plage
**c.** marcher – camper – se balader – se promener
**d.** le travail – un loisir – du temps libre – des vacances

## Activité 2

**Pierre arrive à la gare de Lyon. Il veut aller gare d'Austerlitz. Je lui écris l'itinéraire.**

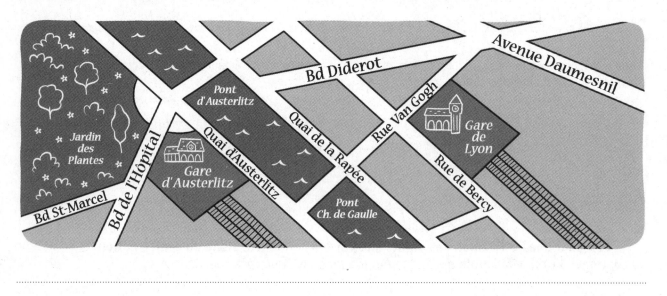

....................................................................................................................................................................

....................................................................................................................................................................

....................................................................................................................................................................

....................................................................................................................................................................

....................................................................................................................................................................

**㉕ Activité 3**

**Émilien parle de son quartier à son amie. Je l'écoute et je note les noms sur le plan.**

## Activité 4

**Je lis le message et je trouve la signification des abréviations.**

Slt Lisa ! Je V acheter un cadeau pour l'anniversaire du bébé de Leila. Tu viens chez moi pour m'aider avec le gâteau stp ? Dis bjr à ta sœur pr moi. À tout à l'heure. Bisous.

a. Slt : ...................................................

b. V : ...................................................

c. stp : ...................................................

d. bjr : ...................................................

e. pr : ...................................................

## (26) Activité 5

**Sophie raconte son week-end. J'écoute et je note les informations.**

a. Ils ont pris des informations dans : ...................................................

b. La destination : ...................................................

c. Le lieu de départ : ...................................................

d. La date de retour : ...................................................

e. L'horaire d'arrivée : ...................................................

## Activité 6

**Je remets l'histoire dans l'ordre.**

.............. a. Il paie avec sa carte bancaire.

.............. b. Il vérifie les prix pour acheter un billet bon marché.

.............. c. D'abord, M. Radin regarde les destinations possibles.

.............. d. Enfin, il imprime les billets.

.............. e. Il choisit une destination qui lui plaît.

.............. f. Puis il choisit un aller-retour.

## Activité 7

**Je réponds à l'enquête. J'écris un petit texte au magazine.**

Vous aimez la nature ?
Vous êtes déjà allé(e)
en montagne, en forêt ?
Racontez votre expérience
ou l'expérience de vos amis.
Écrivez au magazine à :
nature.cfort@planete.com

## Activité 8

**Je transforme les phrases avec le pronom** *où.*

*Va à la librairie. Tu pourras acheter ton guide à la librairie.* ⇨ *Va à la librairie où tu pourras acheter ton guide.*

**a.** Voilà la forêt. Je me balade souvent dans cette forêt.

............................................................................................................................................................

**b.** Vous êtes devant le magasin. Pierre achète ses vêtements de sport dans ce magasin.

............................................................................................................................................................

**c.** Tu vois la tente. Nous avons dormi sous cette tente pendant notre voyage au Portugal.

............................................................................................................................................................

**d.** C'est la piscine de Marseille. Le champion Julien Delmar a nagé dans cette piscine.

............................................................................................................................................................

## Activité 9

**Je complète avec les pronoms** *où, qui* **ou** *que* **/** *qu'.*

C'est un endroit ............. change beaucoup de la France. C'est un pays magnifique ............. il fait toujours beau.
Cela va te changer des pays ............. tu connais. Les montagnes ............. sont au bord de la mer donnent
une ambiance spéciale. Si tu restes à l'hôtel ............. j'ai passé une semaine, tu es sûr de te reposer. La nature,
le soleil, le calme, ce sont vraiment des choses ............. on apprécie. La personne ............. s'occupe de l'hôtel
parle cinq langues ! Et quand tu vas revenir, n'oublie pas de me montrer les photos ............. tu vas prendre.

## Activité 10

**Je lis les phrases et j'écris les compléments soulignés dans le tableau.**

**a.** Elle chante <u>dans un cabaret</u> à Paris cet hiver.

**b.** J'ai rencontré Mathieu hier, il revenait <u>de Paris</u>.

**c.** Il est resté <u>chez Mathilde</u> dans le 11ᵉ arrondissement.

**d.** Elle vient <u>d'Argentine</u>.

**e.** Elle est née <u>à Buenos Aires</u>.

**f.** Elle a un petit appartement <u>sur l'avenue de l'Opéra</u>.

| En | Y |
|---|---|
| .................... | .................... |
| .................... | .................... |
| .................... | .................... |
| .................... | .................... |

## Activité 11

**Je souligne les compléments de lieu dans les phrases. Puis, je transforme les phrases avec** *y* **et** *en.*

**a.** Pierre ne va pas à Barcelone pour ses études.

............................................................................................................................................................

**b.** Anne et Marie sont revenues très contentes du Mexique.

............................................................................................................................................................

**c.** Vous n'êtes pas allée en Angleterre à cause de votre travail.

............................................................................................................................................................

**d.** Nous ne partirons pas d'ici cette semaine.

............................................................................................................................................................

## Activité 12

**J'associe chaque phrase avec un temps.**

a. Marie vient d'acheter une tente pour faire du camping. •

b. Elle va partir cet été avec ses copines. •   • Passé récent

c. Elle est toujours en train d'en parler. •

d. Ils viennent de décider de leur destination. •   • Présent continu

e. Ses copines Fabiola et Caroline vont organiser une semaine au Portugal. •

f. Ses parents viennent d'acheter une grande voiture pour le voyage. •

g. Avec Pierre, nous sommes en train de penser à nos vacances. •   • Futur proche

h. Nous allons nous installer dans un endroit tranquille et faire des balades. •

## Activité 13

**Je mets les mots dans l'ordre.**

a. en / travail / Karim / finir / est / son / de / train

.................................................................................................

b. les / prendre / l' / femme / soir / à / Ce / enfants / va / sa / école /

.................................................................................................

c. de / enfants / l' / sortir / Les / viennent / école / de /

.................................................................................................

d. regarder / repas / et / manger / vont / le / un / Ils / film /

.................................................................................................

e. du / tard / Sonia / travail / rentrer / va /

.................................................................................................

## PHONÉTIQUE

**(27) Activité 14**

**J'écoute et j'écris les mots pour compléter les phrases. Je choisis un des mots proposés.**

a. Le ........................ va à la ........................ .    car – gare

b. Combien va ........................ ce ........................ ?   goûter – coûter

c. Ta ........................ est ........................ la mienne.  comme – gomme

d. Pour ton ........................ , je t'offrirai une ........................ . bague – bac

e. Pour ........................ veux-tu mes ........................ ?  gants – quand

f. Tu manges ta ........................ avec beaucoup de ........................ ! glace – classe

g. Il est à ........................ ou à ........................ ?   Caen – Gand

h. ........................ est là ? ........................ ?    Guy – Qui

## Activité 1

**Je coche les trois verbes synonymes du verbe** *voir*.

☐ apercevoir      ☐ demander      ☐ observer

☐ balader      ☐ regarder      ☐ décevoir

## Activité 2

**Je retrouve quatre mots pour préciser l'ordre et trois mots pour donner une instruction.**

| B | I | M | E | T | T | E | Z |
|---|---|---|---|---|---|---|---|
| D | E | K | G | O | R | Y | T |
| A | N | N | P | A | Y | E | Z |
| B | F | G | S | P | S | S | E |
| O | I | S | P | U | I | S | B |
| R | N | O | J | S | I | C | I |
| D | O | N | N | E | E | T | R |
| C | E | G | I | Z | R | I | E |

## (28) Activité 3

**J'écoute les mots et je les classe dans le tableau. Certains mots peuvent aller dans plusieurs colonnes.**

| La ville | La montagne | La campagne | La mer |
|----------|-------------|-------------|--------|
|  |  |  |  |
|  |  |  |  |
|  |  |  |  |
|  |  |  |  |
|  |  |  |  |

## (29) Activité 4

**J'écoute et j'indique si la description est positive ou négative.**

| | + | − |
|---|---|---|
| a. | | |
| b. | | |
| c. | | |
| d. | | |

| | + | − |
|---|---|---|
| e. | | |
| f | | |
| g. | | |
| h. | | |

## Activité 5

**Je choisis un paysage et je le décris.**

a.

c.

b.

...................................................................................................................................................
...................................................................................................................................................
...................................................................................................................................................
...................................................................................................................................................
...................................................................................................................................................

## Activité 6

**J'écris les instructions pour utiliser la montre-pulsomètre.**

Installer la pile / Refermer le compartiment / Mettre la ceinture au niveau du cœur / Ne pas trop serrer /
Définir l'intensité de l'exercice / Appuyer sur la touche OK / Démarrer le programme

*Ouvrir compartiment à piles* ⇨ *D'abord, ouvrez le compartiment à piles.*

...................................................................................................................................................
...................................................................................................................................................
...................................................................................................................................................
...................................................................................................................................................
...................................................................................................................................................

## Activité 7

**J'écris la question pour savoir de qui ou de quoi on parle. Attention aux changements de pronoms et à la conjugaison des verbes !**

*Nous lui donnons mes clés quand je pars en vacances* ⇨ *voisin*
*À qui est-ce que vous donnez les clés quand vous partez en vacances ? À notre voisin.*

**a.** Je l'oblige à faire ses devoirs. ⇨ fils

......................................................................................................................................

**b.** Elle lui achète de la bonne nourriture. ⇨ chat

......................................................................................................................................

**c.** Il leur apprend des chansons de Noël. ⇨ élèves

......................................................................................................................................

**d.** Il nous les prend quand nous sommes absents. ⇨ paquets

......................................................................................................................................

**e.** Mes amis me l'ont offert pendant mon séjour à l'hôpital. ⇨ nounours

......................................................................................................................................

**f.** Nous lui offrons toujours un bouquet de roses pour son anniversaire. ⇨ sœur

......................................................................................................................................

## Activité 8

**Je remplace la partie soulignée de la phrase par un pronom COD ou COI.**

**a.** Mon frère vient d'emménager, nous offrons une machine à laver <u>à mon frère</u>.

......................................................................................................................................

**b.** Sa fiancée est partie en vacances, il n'arrête pas d'appeler <u>sa fiancée</u>.

......................................................................................................................................

**c.** Paul s'est cassé la jambe et marche avec des béquilles, mais il part en vacances et il emmène <u>ses béquilles</u>.

......................................................................................................................................

**d.** Son chien n'obéit pas. Il ne faut pas donner de récompenses <u>à son chien</u>.

......................................................................................................................................

**e.** Ses voisins font beaucoup de bruit. Il demande <u>aux voisins</u> de baisser la musique.

......................................................................................................................................

## Activité 9

**Je réponds aux questions avec** *me, te, nous, vous.*

*Est-ce que tu nous as envoyé le plan ?* ⇨ *Oui, je vous l'ai envoyé.*

**a.** Medhi et Nadia, est-ce que Paul vous a écrit ?

Oui, il ......................................................................................................................................

**b.** La montagne et la nature te plaisent ?

Oui, elles ......................................................................................................................................

**c.** Est-ce que vous m'avez envoyé le GPS ?

Oui, nous ......................................................................................................................................

**d.** Vous nous avez inscrits à la course ?

Oui, nous ........................................................................................................................................

**e.** Il t'a montré le lac ?

Oui, il ...........................................................................................................................................

## (30) Activité 10

**Je relie les phrases pour obtenir des conseils. J'écoute pour corriger.**

**a.** Ne pas mettre la montre sous l'eau • • il peut être dangereux pour eux.

**b.** Ne pas laisser vos enfants jouer avec l'emballage • • mais avec un chiffon doux et de l'eau.

**c.** Ne pas recharger • • sur les touches, vous allez casser l'appareil.

**d.** Appuyer sur la touche « C » • • les piles.

**e.** Ne pas appuyer trop fort, • • elle n'est pas étanche.

**f.** Ne nettoyez pas avec des produits agressifs comme de l'alcool • • pour afficher l'heure.

Quelle est la phrase qui n'est pas un conseil mais une instruction ? La phrase .............

## Activité 11

**Je transforme les instructions à l'impératif.**

**a.** S'asseoir sur la machine. ⇨ ...................................................................................................

**b.** Régler le siège à votre taille. ⇨ ...........................................................................................

**c.** Choisir le poids que vous désirez soulever. ⇨ .....................................................................

**d.** Faire un premier essai. ⇨ .....................................................................................................

**e.** Tester le poids. ⇨ ................................................................................................................

**f.** Effectuer 20 répétitions. ⇨ ..................................................................................................

**g.** Se reposer 30 secondes. ⇨ ..................................................................................................

**h.** Recommencer 3 fois la série de 20 répétitions. ⇨ ..............................................................

## PHONÉTIQUE

## (31) Activité 12

**J'écoute et j'écris la lettre « t » si j'entends [t] ou la lettre « d » si j'entends [d].**

**a.** La .......ouche.　　– La .......ouche.

**b.** C'est co.......é.　　– C'est co.......é.

**c.** Une aman.......e.　　– Une aman.......e.

**d.** Elle .......onne.　　– Elle .......onne.

**e.** Je peux le .......a.......er.　　– Je peux le .......â.......er.

**f.** C'est.......on.......oigt ?　　– C'est .......on .......oit ?

# X Bilan

**1.** Je complète avec quelques phrases le formulaire d'arrivée au club de montagne. J'utilise les pronoms *y, en, le, l', leur, les*.

> ### BONJOUR À VOUS !
> **Veuillez compléter ce petit questionnaire.**
>
> **a.** Êtes-vous déjà venu dans ce club ?  *Oui, nous y sommes déjà venus.*
>
> **b.** Venez-vous de France ?  ..................................................
>
> **c.** Avez-vous pris le tarif tout compris ?  ..................................................
>
> **d.** Avez-vous parlé aux animateurs du club ?  ..................................................
>
> **e.** Voudriez-vous aller vous promener dans la montagne ?  ..................................................
>
> **f.** Aimez-vous les sports nautiques ?  ..................................................
>
> **g.** Aimez-vous l'ambiance générale de la station ?  ..................................................
>
> **h.** Qui vous a conseillé ce club ?  ..................................................
>
> ### BON SÉJOUR ET AMUSEZ-VOUS !

**2.** Je veux utiliser la motoneige du club. Le responsable m'explique le fonctionnement. Je note ses conseils.

a. Pour utiliser la motoneige :

– .............................................................................................................

– .............................................................................................................

– .............................................................................................................

b. Pour se déplacer dans la station :

– .............................................................................................................

– .............................................................................................................

– .............................................................................................................

**3.** Je note les différentes interdictions possibles sur les panneaux et je les écris.

a.          b.          c.          d.          e. APRÈS 20h

a. .............................................................................................................

b. .............................................................................................................

c. .............................................................................................................

d. .............................................................................................................

e. .............................................................................................................

**(33) 4.** Un sportif vient s'entraîner dans la station. Je note les lieux qu'il aime et son itinéraire.

Magasin cité : ...........................................................................................................................................

Restaurant cité : ........................................................................................................................................

Itinéraire du matin : (à produire sur le plan)

**5.** Je parle du club, des activités proposées et de la station avec un groupe qui vient d'arriver. Je présente les activités que je viens de faire et de celles que je vais faire.

**Programme et activités pour la saison d'été (du 1 mai au 1 octobre)**

**Activités du club**, tarif « tout compris »
Piscine
Gratuit pour tous
Cours de natation avec un professionnel
Jeux nautiques de 17 h à 19 h (juillet-août)

**Tennis, volley, mini-football**
Tous les matins (voir le responsable pour les réservations)

**Danses et chansons pour le soir**
Tous les mardi, jeudi et vendredi

**Motoneige (en supplément)**
Location à la journée ou à la semaine (permis de conduire obligatoire)

**Activités dans la station (voir brochure) :**
Ski (cours possibles)
Balades dans la forêt en vélo (itinéraire de 15 km à 80 km)
Balades avec guide de haute montagne (de 1 h à 6 h de marche)
Baignade en rivière ou dans le lac
Commerces / Restaurants
Cinémas / Bowling / Club

**6.** J'écris une lettre à mes amis pour raconter mes activités d'hier, d'aujourd'hui et mes projets pour ce week-end.

Chers amis,

........................................................................................................................................................

........................................................................................................................................................

........................................................................................................................................................

........................................................................................................................................................

........................................................................................................................................................

........................................................................................................................................................

........................................................................................................................................................

........................................................................................................................................................

## Activité 1

**J'associe une personne à un lieu.**

a. Un maire
b. Un promeneur
c. Un voisin
d. Un sportif
e. Un habitant

1. Un immeuble
2. Un stade
3. Un parc
4. Une ville
5. Une mairie

## Activité 2

**Je complète la grille.**

a. lieu pour se promener : un ...
b. club, organisme pour faire des actions, des activités : une ...
c. petit parc : un ...
d. pour parler d'un sujet avec d'autres personnes : on organise une...
e. personne qui habite une ville ou un village : un ...
f. faire des travaux dans une vieille maison : faire une ...
g. lieu pour faire des papiers administratifs : une ...

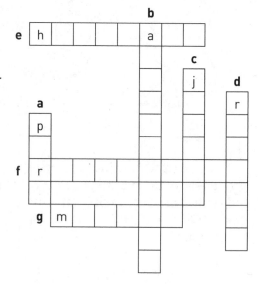

## 34 Activité 3

**J'écoute et je note les lieux et les activités des voisins.**

|  | Marc | Milène |
|---|---|---|
| Lieu pour faire du sport | | |
| Lieu pour se promener | | |
| Membre d'une association | | |

## Activité 4

**J'associe une image à un lieu du quartier.**

1.

2.

3.

4.

a. Un stade    b. Un local associatif    c. Un parc    d. Une mairie

## Activité 5

**J'écris pour donner des informations sur mon quartier ou mon village.**

**a.** Les lieux où l'on peut faire du sport : .............................................................................................

**b.** Les lieux où l'on peut faire des activités culturelles : ..................................................................

**c.** Les espaces verts : ........................................................................................................................

**d.** Mes activités préférées : ...............................................................................................................

**e.** Les noms de mes voisins préférés : ..............................................................................................

**f.** Le nom d'une association : .............................................................................................................

## (35) Activité 6

**J'écoute et je complète la fiche.**

| Programme de mai | | |
|---|---|---|
| Activité 1 : .................... / Date : .................... / Lieu : .................... | | |
| Activité 2 : .................... / Date : .................... / Lieu : .................... | | |
| Activité 3 : .................... / Date : .................... / Lieu : .................... | | |

## Activité 7

**Je complète le dialogue avec les mots de la liste.**

*prospectus – mairie – membres – association – inscription – associatif – événement*

– Salut Farid ! Tu vas où ?

– Salut Mélanie ! Je vais à la ........................................ pour faire des papiers administratifs et ce soir je vais

au local ........................................ .

– Oui, c'est vrai que l' ........................................ organise une réunion pour changer le formulaire d'........................................

pour les nouveaux ........................................ . On va aussi faire les ........................................ avec toutes les informations pour

l'........................................ de vendredi soir.

## Activité 8

**Je choisis une association et j'écris un message pour me présenter, j'explique par quelle activité je suis intéressé(e) et pourquoi.**

..............................................................

..............................................................

..............................................................

..............................................................

..............................................................

..............................................................

..............................................................

..............................................................

**Liste des associations du quartier Châteauvert (Valence)**

*Sport :* TLS (Tous les Sports Librement), ASJ (Association Sportive pour la Jeunesse), SEC (Sports En Compétition).

*Théâtre :* AAT (Association des Amateurs de Théâtre), CTC (Cours de Théâtre Classique).

*Culture et arts :* MAC (Musique Actuelle et Création), PVC (Photo, Vidéo et Cinéma), CAP (Cours d'Arts et de Peinture), AVIMGA (Association pour la Visite des Musées et Galeries d'Art), CCR (Cours de Cuisine Régionale).

**Venez participer, devenez membre d'une association !**

## Activité 9

**Je complète les formes des verbes au futur.**

| Prendre | Faire | Voir | Être |
|---|---|---|---|
| .................... | Je ferai | .................... | .................... |
| Tu prendras | .................... | Tu verras | .................... |
| .................... | .................... | .................... | Elle sera |
| Vous prendrez | .................... | .................... | .................... |
| .................... | Ils feront | .................... | .................... |

## Activité 10

**Je complète le texte avec les verbes de la liste conjugués au futur simple.**

*avoir – s'amuser – pouvoir – arriver – écrire – s'occuper*

La semaine prochaine, nous ........................... un programme très intéressant. Philippe Debrac ...........................

mardi avec sa femme Salomé pour préparer le spectacle. Samedi soir, les membres de l'association

........................... de la salle et des spectateurs. Vincent Frémont, le journaliste, ........................... un article

sur le spectacle. Et samedi, nous ........................... pique-niquer et nous ........................... bien !

## Activité 11

**Dans un rêve, j'ai vu le futur. J'écris un petit texte pour raconter.**

*Nous habiterons dans une ville* .......................................................................................................

..............................................................................................................................................

..............................................................................................................................................

..............................................................................................................................................

## Activité 12

**J'écris mes projets avec les mots de la liste.**

*bientôt – tout à l'heure – un de ces jours – demain – l'année prochaine*

*Tout à l'heure, je vais faire* .........................................................................................................

..............................................................................................................................................

..............................................................................................................................................

..............................................................................................................................................

## Activité 13

**Je complète les phrases avec** *parce que / qu', donc.*

**a.** Georges étudie ses cours dans le parc ........................... il aime la nature et le calme.

**b.** Ses voisins font beaucoup de bruit ........................... il ne dort pas beaucoup.

**c.** Stéphanie viendra demain ........................... son père veut la voir.

**d.** Elle ne peut pas nager ........................... il n'y a pas de piscine dans son quartier.

**e.** Nous nous sommes inscrits à l'association ........................... nous devons participer aux réunions.

**f.** Vous êtes venus au parc ce soir ........................... vous verrez le concert de musique classique.

## Activité 14

**Je barre ce qui ne convient pas.**

*Les étudiants ont réussi leurs examens du baccalauréat* grâce à / à~~ cause de~~ *leur travail.*

**a.** Il y a des travaux de rénovation sur les routes *grâce aux / à cause des* pluies d'octobre.

**b.** Il y a eu un accident sur l'avenue *grâce à / à cause de* la vitesse des voitures.

**c.** On construit un nouveau local pour les associations *grâce à / à cause de* l'argent de la mairie.

**d.** Les travaux inutiles sont arrêtés *grâce à / à cause de* la présence de tous les habitants du quartier.

## PHONÉTIQUE

 **Activité 15**

**J'écoute et je note l'ordre des phrases.**

|    | *Il m'atteint.*    | *1* | *Il m'attend.*     | *2* |
|----|--------------------|-----|--------------------|-----|
| a. | Le grand vin.      |     | Le grand vent.     |     |
| b. | C'est trop lent.   |     | C'est trop long.   |     |
| c. | Il est tout blanc. |     | Il est tout blond. |     |
| d. | Je fais le plein.  |     | Je fais le plan.   |     |
| e. | Un bon bain.       |     | Un bon banc.       |     |

 **Activité 16**

**Dictée phonétique. J'observe les principales graphies des voyelles nasales. J'écoute les phrases et je complète avec les graphies proposées.**

[ɑ̃] an – am – en – em ; [ɛ̃] in – ain – ym – (i)en ; [ɔ̃] on – om

Nos nouveaux vois.....s s.....t vraim.....t très s.....pas ! Ils sont itali.....s, mais ..... se c.....pr.....d facilem.....t ! Qu.....d

ils se s.....t .....stallés d.....s leur nouvelle mais....., nous les av.....s .....vités à pr.....dre l'apéro. Nous av.....s fait

connaiss.....ce et nous av.....s décidé de faire du sport .....s.....ble de t.....ps ..... t.....ps ! ..... plus, nos .....f.....ts .....t

joué d.....s leur ch.....bre p.....d.....t un b..... mom.....t ! Ils v.....t bi..... s'.....t.....dre, c'est cert..... !

## Activité 1

**J'associe les expressions avec un sentiment.**

a. Ça ne va pas, non ?!? •
b. Quel dommage ! •
c. Je suis heureux aujourd'hui ! •
d. C'est pas possible ça ! •
e. Très bien ! •
f. Je suis vraiment triste pour elle. •

• 1. heureux

• 2. triste

• 3. en colère

## Activité 2

**Je lis les messages et je complète le tableau.**

*Stéphane,*
*Je t'écris pour t'informer*
*d'une triste nouvelle :*
*notre équipe a perdu hier.*
*Notre meilleur joueur était*
*malade. Quel dommage !*
*Je suis déçu bien sûr mais*
*je crois qu'il ne faut pas*
*être triste.*

1.

2.
*Mon chéri,*
*Je viens de sortir de chez le médecin.*
*Tout va bien, il m'a dit que j'étais guérie.*
*Je suis heureuse car nous pourrons partir*
*en vacances avec les enfants. Je vais acheter*
*les billets de train. Je reviens vers 7 heures.*
*À ce soir.*

*Monsieur !*
*Vous avez écouté de la*
*musique pendant une grande*
*partie de la nuit hier ! Je*
*n'ai pas pu dormir à cause de*
*vous et je suis furieux. Ce*
*n'est pas possible ! Si cela*
*recommence, j'appelle la police !*

3.

**Pierre Gardon a gagné !**

Cette journée sportive a été surprenante. Le champion s'est blessé et c'est Pierre, le skieur français qui a gagné !

4.

|  | 1 | 2 | 3 | 4 |
|---|---|---|---|---|
| a. Qui écrit ? | | | | |
| b. Quelle est l'information principale ? | | | | |
| c. Quel est le sentiment exprimé ? | | | | |

## 38 Activité 3

**J'écoute et je coche le sentiment exprimé dans chaque phrase.**

|  | La joie | La tristesse | La colère | La déception | La surprise |
|---|---|---|---|---|---|
| a. | ☐ | ☐ | ☐ | ☐ | ☐ |
| b. | ☐ | ☐ | ☐ | ☐ | ☐ |
| c. | ☐ | ☐ | ☐ | ☐ | ☐ |
| d. | ☐ | ☐ | ☐ | ☐ | ☐ |
| e. | ☐ | ☐ | ☐ | ☐ | ☐ |
| f. | ☐ | ☐ | ☐ | ☐ | ☐ |
| g. | ☐ | ☐ | ☐ | ☐ | ☐ |
| h. | ☐ | ☐ | ☐ | ☐ | ☐ |

## Activité 4

**J'associe un problème à un remède.**

1. 2. 3. 4.

**a.** Une toux    **b.** Une brûlure    **c.** De la fièvre    **d.** Une coupure

## Activité 5

**Je trouve le verbe et je complète la phrase.**

*Quand on fait des sports extrêmes, on peut se casser un bras ou une jambe.*

**a.** Quand on utilise du feu, on peut ................................................................................................

**b.** Quand on utilise un couteau, on peut ......................................................................................

**c.** Quand on est malade, on prend des médicaments pour ........................................................

**d.** Quand on fait des activités dangereuses, on peut .................................................................

##  Activité 6

**J'écoute le pharmacien et je note la fréquence pour chaque médicament.**

**a.** Octifad : ...................................................................................................................................

**b.** Pradox : ...................................................................................................................................

**c.** Burafen : ..................................................................................................................................

## Activité 7

**Je choisis une fréquence et je fais des phrases avec les expressions.**

*tout le temps – une fois par semaine – souvent – tous les mois – une fois par an – jamais*

**a.** Parler une langue étrangère. ...................................................................................................

**b.** Faire des activités sportives. ...................................................................................................

**c.** Faire des activités culturelles (cinéma...). ..............................................................................

**d.** Visiter un pays ou une ville. ....................................................................................................

**e.** Participer à des cours. .............................................................................................................

**f.** Travailler. .................................................................................................................................

## Activité 8

**J'ai vu un accident. Je décris l'état physique et les sentiments des personnes.**

.............................................................................................................................................................

.............................................................................................................................................................

.............................................................................................................................................................

## Activité 9

**Je place les adjectifs de la liste dans le tableau. J'en choisis cinq et je fais des phrases.**

*japonais – jeune – vert – carré – grand – heureux – joli – italien – rouge – bon – beau*

| Avant le nom | Après le nom |
|---|---|
| ................................................ | *japonais,* ................................ |
| ................................................ | ................................................ |
| ................................................ | ................................................ |

*C'est une maison japonaise.*

................................................................................................

................................................................................................

................................................................................................

................................................................................................

................................................................................................

## Activité 10

**Je complète le texte avec les mots de la liste. Attention à la place des adjectifs.**

*nouvel – blessée – active – vieille – petit – neuve – bonne*

La semaine dernière, Mathieu a eu un ......................... accident ......................... avec la .........................

voiture ......................... de sa femme. Il avait la ......................... jambe gauche ......................... .

Alors, on l'a emmené dans un ......................... hôpital ......................... très moderne. Ils ont vérifié

qu'il était en ......................... santé ......................... Sa femme, qui est ......................... très ........................., 

a besoin d'une ......................... voiture ......................... . Donc Mathieu cherche une voiture.

## Activité 11

**Je lis le test complété par Mélanie et Adeline. J'écris un petit texte pour expliquer les résultats de chacune. Mélanie a souligné ses mots et Adeline les a entourés.**

**TEST : Choisissez deux ou trois mots pour vous définir.** *psycho*
① Votre caractère :
discret – généreux – intelligent – dynamique – sociable
② Votre vie :
normale – triste – heureuse – intéressante
③ Votre physique :
joli – grand – mince – gros – sportif
④ Vos vêtements :
robe – jupe – long – court – coloré – simple – neuf – ancien

Mélanie est dynamique et sociable. ................................................................

................................................................................................

Adeline est ................................................................................................

................................................................................................

## Activité 12

**Je raconte ce que Christine Namic a fait aujourd'hui.**

6 h 30 : elle se prépare et boit un café
10 h : elle travaille, elle téléphone et prend des rendez-vous
19 h : elle fait de la gymnastique et se blesse à la jambe
23 h 40 : elle s'endort devant la télévision

*Hier, elle s'est préparée et a bu un café à 6 heures et de demie du matin.*

.......................................................................................................................

.......................................................................................................................

.......................................................................................................................

## (40) Activité 13

**J'écoute deux amies en voyage. Je coche les trois actions au passé composé et je note les phrases.**

☐ **a.** Visiter le parc. ...........................................................................................

☐ **b.** Faire du sport. ...........................................................................................

☐ **c.** Faire des courses. .......................................................................................

☐ **d.** Nager. ......................................................................................................

☐ **e.** Participer au repas traditionnel. ...................................................................

☐ **f.** Écouter un concert. .....................................................................................

## PHONÉTIQUE

## (41) Activité 14

**J'écoute et je note l'ordre des mots.**

|   | ancien | 2 | ancienne | 1 |
|---|--------|---|----------|---|
| a. | mignon |   | mignonne |   |
| b. | roman |   | Romane |   |

|   |   |   |   |   |
|---|---|---|---|---|
| c. | médecin |   | médecine |   |
| d. | prochain |   | prochaine |   |

## (42) Activité 15

**J'écoute les phrases et je note sous les mots soulignés si la voyelle est nasale ou pas.**

*C'est bientôt la <u>fin</u> du concert. C'est le <u>final</u> que je préfère !*
        nasale                    pas nasale

**a.** Les <u>années</u> passent vite. Ça fait dix <u>ans</u> que je suis en France !

        ...............                    ...............

**b.** Ce sont les <u>Japonais</u> qui parlent le mieux du <u>Japon</u>.

            ...............                    ...............

**c.** Ton projet est <u>intéressant</u> mais complètement <u>inutile</u>.

            ...............                    ...............

# Bilan

**43** **1.** J'écoute le responsable de l'association et je complète les informations.

**a.** Lieu pour se réunir : ....................................................................................................................................

**b.** Lieu pour faire des activités sportives : ....................................................................................................

**c.** Lieu pour faire des activités culturelles : ................................................................................................

**d.** Jours des cours de danse : ........................................................................................................................

**e.** Jours des ateliers « peinture « et « sculpture » : ....................................................................................

**f.** L'activité de dimanche : ............................................................................................................................

**g.** Le responsable de l'association aimerait bien que les deux amis l'aident pour ................................

**2.** J'écris un message à l'association. Je veux devenir membre, j'explique mes raisons. J'utilise les mots de la liste.

*parce que – à cause de – c'est pour cela – donc – alors*

........................................................................................................................................................................................

........................................................................................................................................................................................

**3.** Avant la randonnée, on doit aller chez le médecin. Je complète la fiche pour mon ami Sélim et pour moi.

> Je sais que tu vas chez le médecin. Je dois lui donner ma fiche santé mais je l'ai perdue. Je te donne les informations pour la compléter et lui donner. J'ai 46 ans et je fais du sport deux fois par semaine avec l'association. Pour aller au travail le matin et le soir, je marche 20 minutes environ. Cette année, je ne suis pas tombé malade mais j'ai eu de la fièvre une fois, en février, à cause du froid. Et j'ai eu un accident pendant ma semaine au ski. Je me suis cassé le bras. Maintenant tout va bien, je suis en pleine forme ! Je prends quelquefois des médicaments quand j'ai mal à la tête, du paracétamol...
> Merci. Sélim

---

**Nom :** Sélim

**a.** Vous avez ................ ans.

**b.** Dans la journée, vous marchez ........................

..............................................................................

**c.** Vous faites du sport ....................................

..............................................................................

**d.** Vous avez été malade ..................................

..............................................................................

**e.** Vous vous êtes cassé ..................................

..............................................................................

**f.** Vous avez eu de la fièvre ............................

..............................................................................

**g.** Vous prenez des médicaments ....................

---

**Nom :** ..................................................

**a.** Vous avez ................ ans.

**b.** Dans la journée, vous marchez ........................

..............................................................................

**c.** Vous faites du sport ....................................

..............................................................................

**d.** Vous avez été malade ..................................

..............................................................................

**e.** Vous vous êtes cassé ..................................

..............................................................................

**f.** Vous avez eu de la fièvre ............................

..............................................................................

**g.** Vous prenez des médicaments ....................

**4.** Avant la randonnée, je fais le test « Que faire ? ». J'écris les numéros des commentaires sous les dessins pour la page « Santé » du journal de l'association.

1. Vous vous êtes coupé au pied. – **2.** Vous avez la jambe cassée. **3.** – Marchez avec des béquilles. –
4. Prenez un cachet d'aspirine. – **5.** Vous vous êtes fait mal à la main. – **6.** Lavez le pied et mettez un pansement. –
7. Passez la main sous l'eau froide. – **8.** Vous avez de la fièvre et mal à la tête.

| a. | b. | c. | d. |
|---|---|---|---|
| *39°c* | | | |
| Que se passe t-il ? | Que se passe t-il ? | Que se passe t-il ? | Que se passe t-il ? |
| .................... | .................... | .................... | .................... |
| Que faire ? | Que faire ? | Que faire ? | Que faire ? |
| .................... | .................... | .................... | .................... |

**5.** Je fais la description de la randonnée pour le directeur de l'association.
J'utilise les commentaires des autres membres.

| Questionnaire | Adeline | Martha |
|---|---|---|
| Sportif/ve : | oui | non |
| Content/e de la randonnée : | oui / beau, très vert | non |
| Ambiance : | agréable | trop de bruits, pas discret |
| La route : | longue, jolie | longue, fatigante |
| Les repas : | bons mais pas suffisants | original |
| Les explications du guide : | utiles | sérieuses |
| Les horaires : | parfait | trop long |
| Commentaires personnels : | Super ! Bonne journée de marche entre amis. | En colère parce que très difficile pour les personnes qui ne font pas de sport. |

..................................................................................................

..................................................................................................

..................................................................................................

**6.** Le responsable me demande de faire quelques propositions de nouvelles activités pour l'association. J'écris un texte au futur simple. J'utilise les mots de la liste.

*bientôt – pour l'année prochaine – dans quelques années*

..................................................................................................

..................................................................................................

..................................................................................................

..................................................................................................

## Activité 1

**Je lis les phrases. J'entoure S (synonyme : =) ou C (contraire : ≠).**

**a.** Je suis calme. Je suis tranquille.     S / C

**b.** Je suis directe. Je dis ce que je pense.     S / C

**c.** Je suis actif. Je ne fais rien.     S / C

**d.** Je suis sociable. Je déteste être avec des gens.     S / C

**e.** Je suis drôle. Je ne fais rire personne.     S / C

**f.** Je suis bavarde. Je suis calme.     S / C

## Activité 2

**Je trouve les 10 adjectifs (au masculin) pour caractériser une personne. Je les note et je les transforme au féminin.**

1. ................................................................................

2. ................................................................................

3. ................................................................................

4. ................................................................................

5. ................................................................................

6. ................................................................................

7. ................................................................................

8. ................................................................................

9. ................................................................................

10. ..............................................................................

| J | T | C | A | L | M | E | Q | H | H | M | K | M | K |
|---|---|---|---|---|---|---|---|---|---|---|---|---|---|
| I | N | D | E | P | E | N | D | A | N | T | C | T | B |
| E | R | Q | A | X | J | F | B | W | A | W | Q | Y | R |
| H | J | W | C | V | S | O | C | I | A | B | L | E | J |
| V | T | Q | T | Y | K | E | V | C | Z | N | Y | D | N |
| P | J | U | I | C | Q | H | E | U | E | X | U | I | X |
| N | E | J | F | H | A | T | J | E | F | T | B | R | J |
| X | B | A | V | A | R | D | A | W | H | I | D | E | M |
| A | K | I | P | R | E | C | I | S | N | M | P | C | Y |
| D | Z | W | S | E | R | I | E | U | X | I | R | T | P |
| Y | G | Y | A | L | O | T | O | E | P | D | J | T | N |
| U | Z | L | C | J | P | X | C | L | G | E | G | G | T |
| O | C | V | E | H | J | A | W | J | M | N | R | E | W |
| A | U | T | O | R | I | T | A | I | R | E | J | I | U |

## Activité 3

**Je complète les phrases avec les mots de la liste.**

Il faut être ou avoir : *souple – curieux – le sens de l'orientation – commerçant –
ouvert – attentif – bon vendeur – une bonne mémoire – sportif – patient*
Il faut aimer : *la musique – parler aux clients – enseigner – voyager – conduire*

**a.** Pour être journaliste, il faut être ........................... , ........................... et il faut aimer ........................... .

**b.** Pour être professeur, il faut être ........................... , ........................... et il faut aimer ........................... .

**c.** Pour être danseur, il faut être ........................... , ........................... et il faut aimer ........................... .

**d.** Pour être chauffeur de taxi, il faut avoir ........................... , ........................... et il faut aimer ........................... .

**e.** Pour être boucher, il faut être ........................... , ........................... et il faut aimer ........................... .

## 🎧 Activité 4

**J'écoute le dialogue. Je coche vrai, faux ou on ne sait pas.**

| | Vrai | Faux | On ne sait pas |
|---|---|---|---|
| **a.** Alain est directeur du lycée. | ☐ | ☐ | ☐ |
| **b.** Sonia est professeur. | ☐ | ☐ | ☐ |
| **c.** Sonia connaît les élèves d'Alain. | ☐ | ☐ | ☐ |
| **d.** Théo ne veut pas enlever son MP3 en classe. | ☐ | ☐ | ☐ |
| **e.** Clara est autoritaire. | ☐ | ☐ | ☐ |
| **f.** Maëlle n'est pas bonne en sport. | ☐ | ☐ | ☐ |
| **g.** Alain n'est pas d'accord avec les choix de Sonia. | ☐ | ☐ | ☐ |

# À la conférence

## (44) Activité 5

**J'écoute à nouveau le dialogue et je retrouve de qui on parle. Plusieurs réponses sont possibles.**

|  | Théo | Clara | Maëlle |
|---|:---:|:---:|:---:|
| a. N'est pas un(e) excellent(e) élève. | ☐ | ☐ | ☐ |
| b. Est excellent(e) en sport. | ☐ | ☐ | ☐ |
| c. N'écoute pas en classe. | ☐ | ☐ | ☐ |
| d. N'est pas désordonné(e). | ☐ | ☐ | ☐ |
| e. N'a pas de point faible. | ☐ | ☐ | ☐ |
| f. Aime la justice. | ☐ | ☐ | ☐ |
| g. Ses camarades l'aiment beaucoup. | ☐ | ☐ | ☐ |

## (44) Activité 6

**J'écoute à nouveau le dialogue et j'associe les professions aux noms des élèves.**

Président •          • Théo
Danseur •          • Clara
Policier •          • Maëlle

## Activité 7

**Je coche les affirmations exactes.**

☐ a. Vous dites « s'il vous plaît » quand quelqu'un vous marche sur le pied.
☐ b. On dit « j'ai oublié » quand on est énervé.
☐ c. Votre ami dit « je n'ai pas fini » quand vous ne le laissez pas parler.
☐ d. Quelqu'un dit « laissez-moi parler » quand il n'arrive pas à prendre la parole.
☐ e. Vous dites « je voudrais dire » quand vous parlez d'un secret.
☐ f. On dit « Zut » quand on veut prendre la parole.

## (45) Activité 8

**J'écoute et je remets le dialogue dans l'ordre. Je souligne les expressions pour donner ou prendre la parole.**

.......... a. CHLOÉ : Ah bon ? On dit qu'elle est géniale en concert.

.......... b. LISA : Non, non, c'est vrai et puis....

.......... c. CHLOÉ : Vous préférez aller au cinéma ou au concert de Biba, c'est gratuit ce soir au BEX.

.......... d. JULIE : Je suis d'accord avec...

.......... e. JULIE : Oui.... J'avais quelque chose à vous dire ! Mais maintenant, c'est trop tard, j'ai oublié !

.......... f. LISA : Pardon Julie. Tu veux dire quelque chose ?

.......... g. LISA : Biba, je l'ai déjà vue l'année dernière et ce n'était pas très bien.

.......... h. JULIE : Moi, je...

.......... i. JULIE : Bon, vous me laissez parler maintenant ?

## Activité 9

**Je compare ces deux personnes en utilisant les indications.**

> Nicolas : 1 m 70, 60 kilos, beau, intelligent, gagne 1 350 €/mois, part en vacances 1 fois par an, a 52 amis sur Facebook

> Sacha : 1 m 80, 72 kilos, beau, intelligent, gagne 1 780 €/mois, part 3 fois en vacances par an, a 52 amis sur Facebook

*Nicolas / taille / –* ⇨ *Nicolas est plus petit que Sacha.*

**a.** Nicolas / poids / – ......................................................................................

**b.** Nicolas / beau / = ......................................................................................

**c.** Sacha / gagner de l'argent / + ......................................................................................

**d.** Sacha / partir en vacances / + ......................................................................................

**e.** Sacha / amis sur Facebook / = ......................................................................................

## Activité 10

**Je complète avec** *autant ... que*, *autant de ... que* **ou** *aussi ... que*.

**a.** Il y a ............................... soleil à Madrid ............................... à Lisbonne.

**b.** Les sapins sont ............................... résistants ............................... les pins.

**c.** Léa parle ............................... sa sœur. Elles sont ............................... bavardes l'une ............................... l'autre.

**d.** Je trouve son travail ............................... passionnant ............................... le tien.

**e.** Son patron est ............................... autoritaire ............................... le vôtre.

## 🎧 Activité 11

**J'écoute et je remplis la fiche des pays.**

Nom du pays ...............................
Langue officielle ...............................
Capitale ...............................
km$^2$ ...............................
Population ...............................
Revenu moyen ...............................

Nom du pays ...............................
Langue officielle ...............................
Capitale ...............................
km$^2$ ...............................
Population ...............................
Revenu moyen ...............................

## 🎧 Activité 12

**J'écoute à nouveau les descriptions et j'indique si les affirmations sont vraies ou fausses (V / F). Je corrige quand la phrase est fausse.**

**a.** Le Bénin est plus grand que le Gabon.          V / F          ...............................

**b.** Le Gabon est moins peuplé que le Bénin.          V / F          ...............................

**c.** Le Gabon est presque 10 fois moins peuplé que le Bénin.          V / F          ...............................

**d.** Les Gabonais gagnent autant que les Béninois.          V / F          ...............................

**e.** Au Gabon, les femmes sont plus riches que les hommes.          V / F          ...............................

**f.** Au Bénin, on parle aussi bien français qu'au Gabon.          V / F          ...............................

# À la conférence

## Activité 13

**Je répète à ma grand-mère sourde ce que dit Lola.**

LOLA : Ça va grand-mère ?

GRAND-MÈRE: Comment, qu'est-ce qu'elle dit ?

MOI : ..............................................................................................................................................

LOLA : Ça me fait plaisir de vous voir toutes les deux.

GRAND-MÈRE: Comment, qu'est-ce qu'elle dit ?

MOI : ..............................................................................................................................................

LOLA : Qu'est-ce que vous voulez faire aujourd'hui ? On pourrait aller se promener ! Il fait beau dehors.

GRAND-MÈRE: Comment, qu'est-ce qu'elle dit ?

MOI : ..............................................................................................................................................

LOLA : C'est inutile de refuser, c'est décidé. Sortons nous balader.

GRAND-MÈRE: Comment, qu'est-ce qu'elle dit ?

MOI : ..............................................................................................................................................

GRAND-MÈRE: Mais arrête de tout répéter, je ne suis pas sourde !

## PHONÉTIQUE

 ## Activité 14

**J'écoute les phrases du dialogue et je note la prononciation de** *plus* **: [ply], [plys] ou [plyz].**

**a.** – Qu'est-ce que tu préfères, la radio ou la télévision ?

– Oh, j'aime bien les deux. Pour la politique, je trouve que les émissions sont plus [..........] intéressantes à la radio mais c'est plus [..........] facile de regarder la télévision. Et toi ?

– Moi, je regarde plus souvent [..........] la télévision, mais le matin, j'écoute plus [..........] la radio.

**b.** – Qu'est-ce que tu préfères, habiter en ville ou à la campagne ?

– Moi, je préfère habiter en ville, il y a plus [..........] d'activités culturelles et on sort plus [..........] le soir et le week-end. Et puis, les commerces sont à proximité, c'est plus [..........] pratique.

– Oui, mais la vie en ville est plus [..........] chère et il y a beaucoup plus [..........] de pollution !

## Activité 1

**Je coche les expressions qui expriment l'enthousiasme.**

☐ C'est génial !  ☐ Ça va.  ☐ Pourquoi pas.

☐ Extra !  ☐ Bof !  ☐ Si tu veux.

**(48) Activité 2**

**J'écoute et j'indique si les phrases expriment l'enthousiasme ou non.**

| | Enthousiasme | Pas d'enthousiasme |
|---|---|---|
| **a.** Je pars en vacances demain. | ☐ | ☐ |
| **b.** Je suis malade depuis hier. | ☐ | ☐ |
| **c.** Il s'est acheté une belle voiture. | ☐ | ☐ |
| **d.** Mes amis chinois arrivent la semaine prochaine. | ☐ | ☐ |
| **e.** Sa meilleure amie va se marier. | ☐ | ☐ |
| **f.** Lucas m'invite au restaurant ce soir. | ☐ | ☐ |

## Activité 3

**J'associe les situations aux expressions dans le tableau.**

**a.** Un professeur annonce un examen surprise.

**b.** Un ami vous annonce son mariage.

**c.** Votre chef vous annonce une réunion tard le soir.

**d.** Votre voisin vous propose une sortie au cinéma.

**e.** On vous offre des billets d'avion pour partir en week-end.

**f.** On vous propose de mieux répartir vos heures de travail.

**1.** C'est une excellente idée !

**2.** C'est génial ! Félicitations !

**3.** Super, j'aurai moins de travail.

**4.** Ce n'est pas une bonne surprise !

**5.** Je vais encore rentrer tard ce soir !

**6.** Je pars quand ?

| a. | b. | c. | d. | e. | f. |
|----|----|----|----|----|----|
|    |    |    |    |    |    |

## Activité 4

**Je lis les questions et je réponds avec une expression appropriée.**

*C'est une très bonne idée ! – C'est super ! – C'est parfait ! – Ça me plaît beaucoup ! – J'adore !*

**a.** Regarde, j'ai acheté un nouveau canapé, ça te plaît ? .................................................

**b.** Cette nouvelle organisation te convient ? .................................................

**c.** Je vais reprendre le sport cette année, que penses-tu de cette idée ? .................................................

**d.** Stéphane et Mila vont avoir un enfant. .................................................

**e.** Nous avons préparé un gratin de poisson, tu aimes ça ? .................................................

## Activité 5

**J'entoure la bonne réponse.**

| | | |
|---|---|---|
| **a.** Tout à fait. = Bien sûr. | Vrai | Faux |
| **b.** Tu as raison. = Tu as tort. | Vrai | Faux |
| **c.** Mais si ! = Mais oui ! | Vrai | Faux |
| **d.** C'est inexact. = C'est faux. | Vrai | Faux |
| **e.** Je suis totalement contre. = Je suis d'accord. | Vrai | Faux |
| **f.** Je suis en désaccord. = Je suis souvent d'accord. | Vrai | Faux |

## (49) Activité 6

**J'écoute et j'indique si les personnes sont d'accord ou pas d'accord.**

a. ☐ D'accord    ☐ Pas d'accord
b. ☐ D'accord    ☐ Pas d'accord
c. ☐ D'accord    ☐ Pas d'accord
d. ☐ D'accord    ☐ Pas d'accord
e. ☐ D'accord    ☐ Pas d'accord

## Activité 7

**Je réponds et je donne mon opinion.**

*Paris est la plus belle ville du monde. / Pas d'accord* ⇨ *C'est faux, Paris n'est pas la plus belle ville du monde.*

**a.** Mickaël Jackson n'a pas marqué les générations.

Pas d'accord : ..............................................................................................................

**b.** Le gaz est l'énergie du futur pour les transports publics.

D'accord : ..................................................................................................................

**c.** Faire de la moto sans protection est très dangereux.

D'accord : ............................................................................................................... !

**d.** Installer des programmes sur un ordinateur est très simple.

Pas d'accord : ............................................................................................................

**e.** Travailler le week-end devrait être interdit.

D'accord : ............................................................................................................... !

## Activité 8

**Je lis le prospectus. Je ne suis pas d'accord. Je réponds à chaque proposition en exprimant mon désaccord.**

### POUR PROTÉGER L'ENVIRONNEMENT

**a.** Il faut toujours laisser les lumières allumées quand je ne suis pas dans la pièce : allumer et éteindre consomment trop d'énergie.

...........................................................................................................................

**b.** Nous devons tous prendre des bains tous les jours.

...........................................................................................................................

**c.** Il est recommandé de manger de la viande à chaque repas.

...........................................................................................................................

**d.** Pour les petits déplacements, choisissez la voiture !

...........................................................................................................................

**e.** Ne prenez jamais les transports en commun.

...........................................................................................................................

**f.** Ne recyclez pas le papier, c'est mieux de le jeter.

### 🎧50 Activité 9

**J'écoute et j'indique à mon ami ce que je pense de sa liste d'ingrédients pour faire une tarte aux pommes. J'utilise** *peu de, pas assez de, trop de...*

**a.** Farine : .................................................................................................................

**b.** Beurre : ................................................................................................................

**c.** Œufs : ...................................................................................................................

**d.** Sucre : ..................................................................................................................

**e.** Crème fraîche : ...............................................................................................

**f.** Pommes : .............................................................................................................

### Activité 10

**Je réponds de façon négative et je remplace le mot souligné.**

*Il reste encore du fromage ?* ⇨ *Non, il n'en reste pas.*

**a.** Tu veux encore des olives ? ...........................................................................

**b.** Tu crois qu'on peut encore trouver des fraises en hiver ? ...................

**c.** Il faut ajouter du sucre dans la préparation ? .......................................

**d.** Est-ce que j'ai mis trop de sel dans la soupe ? .....................................

### Activité 11

**Je relie les éléments. Plusieurs réponses sont possibles.**

de thon

de petits pois

de sauce tomate

de coca

de sucre

de gâteaux

de lait

en bois

de jus d'orange

de yaourt

de tarte

à café

de bonbons

de crème fraîche

à soupe

de riz

de chocolat

d'huile

une cannette

un morceau

une boîte

un pot

une cuillère

un litre

une tablette

un paquet

une brique

## Activité 12

**Je coche l'intrus.**

**a.** Un stade de football peut être :  ☐ plein  ☐ vide  ☐ entier

**b.** Une bouteille d'eau :  ☐ complète  ☐ vide  ☐ pleine

**c.** Une place de spectacle :  ☐ complet  ☐ vide  ☐ disponible

**d.** Un paquet de céréales :  ☐ plein  ☐ vide  ☐ complet

## Activité 13

**J'observe les trois animaux et je les décris en utilisant les indications et des superlatifs.**

**a.** Haute taille / + : ...........................................................................................................

**b.** Lourd / – : ...................................................................................................................

**c.** Rapide / + : ..................................................................................................................

**d.** Grandes oreilles / + : ......................................................................................................

**e.** Petites pattes / – : .........................................................................................................

**f.** Long cou / + : ...............................................................................................................

## PHONÉTIQUE

**(51) Activité 14**

**J'écoute et je répète le dialogue en imitant l'intonation et en marquant l'accent expressif.**

– Alors, tes vacances, raconte !

– **Su**per ! **For**midable ! On est allés au Kenya ! C'était **in**croyable ! On avait un hôtel **très** spécial : notre chambre était dans un arbre ! J'ai **a**doré ! Et puis, on a vu **plein** d'animaux sauvages en liberté ! On a pris **beau**coup de photos ! C'était **vrai**ment génial ! Et toi, tes vacances ?

– Oh, moi, c'était **ho**rrible ! On est allés en Auvergne et il a plu **tous** les jours. Il y avait **tout** le temps du brouillard. On n'a **ja**mais pu voir le paysage des volcans et des lacs ! En plus, dans l'hôtel, on a eu **très** froid ! Et puis le service était **nul** ! On est **vrai**ment déçus de nos vacances !

**52** ✏️ **1. J'écoute et je note les adjectifs (ou expressions) qui caractérisent les personnes.**

Anna : ............................................................................................................................................................

Benoît : ..........................................................................................................................................................

Mélina : ..........................................................................................................................................................

**52** **2. J'écoute à nouveau le dialogue et j'indique si les phrases sont vraies ou fausses.**

**a.** Christine et Serge ont seulement 3 CV.                        V ☐  F ☐

**b.** Christine et Serge cherchent un travail de directeur de zoo.      V ☐  F ☐

**c.** Christine parle uniquement du caractère des personnes.        V ☐  F ☐

**d.** Il y a deux candidats d'origine espagnole.                      V ☐  F ☐

**e.** Anna a trop de caractère pour le poste.                        V ☐  F ☐

**f.** Benoît a un peu d'expérience dans la gestion.                  V ☐  F ☐

**g.** Selon Christine, Mélina parle trop.                            V ☐  F ☐

 ✏️ **3. Je lis et je compare les 3 CV. J'utilise les indices et des comparatifs ou des superlatifs.**

---

**Anna Dupont-García**

**Âge :** 26 ans

**Expérience professionnelle :** attachée commerciale pour Atoupri

**Langues :** bilingue français-espagnol

**Divers :** adore la nature, fait de la randonnée – a fait deux ans à l'école nationale vétérinaire de Maisons-Alfort

---

**Benoît Trévor**

**Âge :** 33 ans

**Expérience professionnelle :** travailleur social

**Langues :** bilingue français-anglais

**Divers :** a vécu 3 ans en Asie du Sud-Est – bénévole pour la SPA (Société protectrice des animaux)

---

**Mélina Moritz**

**Âge :** 27 ans

**Expérience professionnelle :** assistante de la directrice adjointe du centre Fauniflor

**Langues :** trilingue français-espagnol-anglais

**Divers :** pratique le hand-ball et le yoga – a vécu trois ans en Angleterre

---

**a.** l'âge (Anna) : ..................................................................................................................................................................

**b.** expérience dans le domaine (Benoît et Mélina) : ..........................................................................................

**c.** correspond au profil du poste : (Mélina +) : ...................................................................................................

**d.** langue (Benoît et Anna) : ...................................................................................................................................

**e.** loisirs en relation avec le poste (Benoît +) : ..................................................................................................

**f.** vivre à l'étranger : (Benoît et Mélina) : .......................................................................................................

**4.** Je relis les CV et j'exprime mon accord ou mon désaccord avec les affirmations suivantes.

**a.** Anna est la personne la plus qualifiée pour ce poste.

.................................................................................................................................................................................................

**b.** Benoît a l'habitude d'être en compagnie d'animaux.

.................................................................................................................................................................................................

**c.** Benoît a un très bon niveau d'espagnol.

.................................................................................................................................................................................................

**d.** La personne la plus âgée est toujours la personne la plus compétente.

.................................................................................................................................................................................................

**e.** Mélina est la meilleure candidate pour le poste.

.................................................................................................................................................................................................

**53** **5.** J'écoute pour rapporter à mon collègue ce qu'il s'est dit à la réunion sur le choix des candidats.

.................................................................................................................................................................................................
.................................................................................................................................................................................................
.................................................................................................................................................................................................
.................................................................................................................................................................................................
.................................................................................................................................................................................................
.................................................................................................................................................................................................
.................................................................................................................................................................................................
.................................................................................................................................................................................................
.................................................................................................................................................................................................

**6.** Christine téléphone à Mélina pout lui proposer le poste.
Mélina est très enthousiaste. Christine répond à toutes les questions de Mélina.
Je joue la scène entre Christine et Mélina.

## Activité 1

**Je lis les phrases et je les associe à un type de souvenir.**

a. C'était dans les années 1990.

b. J'étais dans un hôtel à Montréal.

c. Après le repas, je suis allé dans ma chambre.

d. Quelqu'un a frappé à ma porte.

e. C'était un homme brun, très gentil.

f. Il s'était trompé de chambre !

g. Je l'ai invité à entrer pour boire un verre.

h. Aujourd'hui, nous sommes toujours amis.

- L'époque
- Le lieu
- L'action
- La description physique / le caractère

## Activité 2

**Je raconte des souvenirs de vacances à partir des dessins.**

.......................................................................................................

.......................................................................................................

.......................................................................................................

.......................................................................................................

.......................................................................................................

## Activité 3

**J'écris les mots de la liste dans l'arbre généalogique.**

*Mes parents – Mon oncle – Ma petite-fille – Mes grands-parents – Ma femme – Ma tante*

Étienne et Marthe
.......................................

| Julie | Caroline + Carlos | Bertrand |
|---|---|---|
| ....................... | ....................... | ....................... |

Didier + Marcella
**Moi** + .......................................

Chiara + Alphonse
*Ma fille + Mon gendre*

Mélanie
.......................................

## (54) Activité 4

**J'écoute Olivier et j'associe les prénoms aux relations familiales.**

a. Maurice
b. Jenny
c. Brigitte
d. Daniel
e. Boris
f. Mireille

1. la femme de Daniel
2. la tante
3. la petite-fille
4. le fils
5. le frère
6. le petit-fils

## Activité 5

**Je complète le texte avec les mots de la liste. Il y a plusieurs possibilités.**

*après quelques semaines – tous les week-ends – tout de suite – tous les jours – en deux heures – il y a un an*

.................................. , j'ai fait une rencontre dans un parc. Quand je l'ai vue, j'ai été

.................................. attiré par elle. Elle lisait et je suis allé vers elle. On a discuté et elle m'a dit

qu'elle venait dans ce parc .................................. . .................................. , je lui ai tout dit de moi !

On s'est revus .................................. et, .................................. , on a décidé de vivre ensemble.

## Activité 6

**Je complète le texte avec les mots de la liste. Il y a plusieurs possibilités.**

*à la fin – peu à peu – il y a – au départ – après quelques semaines*

.................................. , je ne connaissais pas le pays. Alors, j'ai visité plusieurs régions de France.

.................................. , j'ai compris la culture et les gens. .................................. , je me suis

senti bien et j'ai décidé de rester en France pendant trois mois. .................................. de mes vacances,

je devais rentrer dans mon pays mais j'étais vraiment déçu de partir. Alors, j'ai cherché du travail en France.

Et .................................. quelques mois, on m'a proposé un travail de guide à Paris. J'ai accepté avec plaisir !

## Activité 7

**Avec les mots de la liste de l'activité 6, je raconte comment j'ai appris le français.**

.......................................................................................................................................

.......................................................................................................................................

.......................................................................................................................................

.......................................................................................................................................

.......................................................................................................................................

.......................................................................................................................................

.......................................................................................................................................

.......................................................................................................................................

.......................................................................................................................................

## (55) Activité 8

**J'écoute et je relève les verbes à l'imparfait et les verbes au passé composé.**

Les verbes à l'imparfait : ................................................................................................................................

................................................................................................................................................................

Les verbes au passé composé : ......................................................................................................................

................................................................................................................................................................

## Activité 9

**Je mets le texte à l'imparfait.**

Aujourd'hui, il fait beau. C'est le printemps. Dans la maison, tout le monde est joyeux. Mes frères font du sport dans le jardin. Lise a l'air heureuse, elle regarde une série télévisée et mange de la glace ! Ma mère travaille dans son bureau. Elle écrit un article sur la musique des années 70. Mon père se prépare pour aller à la pêche avec mon oncle Bruce. Et moi, je me sens bien, je fais ma valise pour aller chez mon amie Lucile.

Hier, ................................................................................................................................................................

................................................................................................................................................................

................................................................................................................................................................

................................................................................................................................................................

................................................................................................................................................................

## Activité 10

**Je raconte mon voyage en utilisant les informations.**

> Côte d'Azur
>
> Belle plage et arbres à côté de la mer
> Beaucoup de touristes
> Repas avec du poisson / très bon
> Balade en forêt avec Patrick et sa femme
> Sieste en fin d'après-midi
> Cartes postales
> Serveur parle français
> Glace à la vanille et petite promenade

................................................................................................................................................................

................................................................................................................................................................

................................................................................................................................................................

................................................................................................................................................................

................................................................................................................................................................

................................................................................................................................................................

# Retour de voyage

## Activité 11

**Je complète les informations des documents.**

*Ouverture du magasin*

...... mardi ...... samedi

...... 10 h ...... 19 h

....... dimanche

...... 13 h ...... 17 h

Fermé ...... lundi

**a.**

**Parc de la Moulinade**

*Heures d'ouverture*

...... été et ...... printemps :

7 h / 21 h

...... automne et ...... hiver :

9 h / 19 h

**b.**

Sculpture en marbre

...... XXᵉ s.

Réalisé par Brodin

... 1967.

Acheté par le musée

...... 17 novembre 2007.

**c.**

## Activité 12

**Je mets les mots dans l'ordre.**

**a.** en / cette / a / artiste / fait / L' / 1856 / sculpture

.....................................................................................................................

**b.** 16 / prenons / 28 / juillet / Nous / vacances / au / nos / du /

.....................................................................................................................

**c.** Sophie / travail / un / automne / En / a / nouveau / commencé /

.....................................................................................................................

**d.** c' / en / fête / juillet / est / la / France / 14 / Le / nationale

.....................................................................................................................

 **Activité 13**

**J'écoute les informations sur le musée. Je complète les phrases.**

**a.** Le musée est ouvert ....................................................................................

**b.** Les visites guidées sont ...............................................................................

**c.** Les visites de nuit sont possibles ................................................................

**d.** Le café du musée est ouvert ........................................................................

**e.** La terrasse du café est ouverte ...................................................................

## PHONÉTIQUE

 **Activité 14**

**J'écoute les phrases, je complète les mots avec les lettres qui manquent.**

Avant, j'habit......... dans la banlieue parisi.........nne, pr.........s d'un hyp.........rmarch......... g.........ant ! Tous les jours,

j'all......... au bureau en m.........tro et je d.........jeun......... au r.........staurant. Je travaill......... tout le temps et

je ne part......... jam......... en vacances.

Maintenant, j'habite à Mars.........lle. Hi.........r, je suis all......... à mon bureau à pi......... et j'ai d.........jeun.........

ch......... moi.

## Activité 1

**Je barre l'intrus.**

**a.** un musée – un supermarché – un cinéma – un théâtre
**b.** un artiste – un chanteur – un comédien – un directeur
**c.** marcher – chanter – danser – jouer la comédie
**d.** un concert – une pièce de théâtre – une réunion – une exposition

## Activité 2

**Je relie chaque étiquette au bon endroit du dessin.**

le public

des musiciens

un chanteur

la salle

des danseuses

 ## Activité 3

**J'écoute et je coche.**

| | Question | Réponse |
|---|---|---|
| a. | ☐ | ☐ |
| b. | ☐ | ☐ |
| c. | ☐ | ☐ |

| | Question | Réponse |
|---|---|---|
| d. | ☐ | ☐ |
| e. | ☐ | ☐ |
| f. | ☐ | ☐ |

| | Question | Réponse |
|---|---|---|
| g. | ☐ | ☐ |
| h. | ☐ | ☐ |

## Activité 4

**Je complète avec** *oui,* *si,* *non* **ou** *pas.*

– Salut Jacky !

– Salut Fred ! Alors, cette comédie musicale, c'était bien ou ..................... ?

– C'était bien, la scène est très grande et les décors représentent l'Égypte ancienne.

– Ah ! Et c'était beau, ..................... ?

– ..................... , j'ai bien aimé mais mes amis Laurence et Nicolas, ..................... .

– Ils n'ont pas aimé les chansons ?

– ..................... , ils ont aimé les chansons mais ..................... l'histoire.

– Tu crois que je dois y aller, ..................... ou ..................... ?

– ..................... , vas-y ! Tu adores les chansons et les histoires d'amour.

# Musique

## Activité 5

**Je lis l'article et je souligne quatre expressions utiles pour donner son avis, puis je fais quatre phrases avec ces expressions pour parler de spectacles.**

SPECTACLES

Chers lecteurs, chères lectrices,

Cette semaine, en ville, vous pourrez voir de bons spectacles. Voici quelques idées :

Si vous aimez le cinéma, je crois qu'il faut absolument voir le film *Les Hommes bleus*. C'est un film fantastique et amusant, pour les petits et les grands.

Côté théâtre, vous pouvez choisir entre *Le Bourgeois gentilhomme* de Molière et *La Cantatrice chauve* de Ionesco. À mon avis, les enfants préféreront la pièce de Molière qui est plus rythmée.

Vous pouvez aussi aller voir des concerts. Il vaut mieux aller écouter Les Pirates avec vos amis qu'avec vos enfants car les musiciens jouent assez fort. Moi, je trouve que c'est un groupe à ne pas rater.

À la semaine prochaine pour de nouvelles propositions !

Lulu la critique

a. ....................................................................................................................................

b. ....................................................................................................................................

c. ....................................................................................................................................

d. ....................................................................................................................................

## Activité 6

**Je complète les phrases.**

a. J'aimerais aller voir un bon concert, c'est-à dire ...................................................................

b. Nicolas n'a pas pu venir voir le spectacle, c'est pour ça que .................................................

c. Elles jouent dans une pièce grâce à ....................................................................................

d. Ma mère n'a jamais dansé dans un ballet à cause de ...........................................................

## Activité 7

**Je présente mon spectacle préféré.**

Nom : ...............................................................................................................................

Type de spectacle : ............................................................................................................

Rôle principal : ..................................................................................................................

Metteur en scène : .............................................................................................................

Thème : ............................................................................................................................

Lieu : ................................................................................................................................

Prix de la place : ................................................................................................................

Moi, je trouve que ..............................................................................................................

.........................................................................................................................................

.........................................................................................................................................

## Activité 8

**Je complète le texte avec des adjectifs possessifs.**

> Association DANI
>
> Chers habitants du quartier,
>
> À coté de chez vous, vendredi soir, vous pourrez voir .................... pièce de théâtre jouée par les élèves du lycée Paul Éluard. Le metteur en scène est Sylvie Merle, vous connaissez tous .................... talent. Si vous voulez venir avec .................... enfants, .................... amis, pas de problème. La pièce est pour tous les publics.
>
> Les membres de .................... association organiseront une fête après le spectacle. Pablo et .................... danseuses seront là pour nous faire danser.
>
> À .................... avis, vous allez passer une bonne soirée ! C'est la sortie de la semaine !
>
> Nous espérons .................... présence.
>
> Farouk Balman, directeur de l'association DANI

## Activité 9

**Je complète les phrases comme dans l'exemple.**

*Cette place est à moi ! C'est la mienne.*

**a.** Elle a demandé mon avis mais pas l'avis de Sarah ! Elle n'a pas demandé ..............................

**b.** Agnès a vu tes dossiers sur le bureau du directeur. C'étaient ..............................

**c.** Je ne suis pas allé au théâtre, c'est mon choix. C'est ..............................

**d.** Philippe travaille pour ton université. Il travaille pour ..............................

**e.** J'ai pris ses places pour demain. J'ai pris ..............................

## Activité 10

**J'associe une phrase à un pronom possessif.**

**a.** J'ai rencontré ses parents pendant la soirée théâtre !

**b.** Tes sorties de la semaine ont été très culturelles.

**c.** Elle a pris mes places pour le spectacle.

**d.** Je suis chanteur et ce soir vous pouvez venir à mon concert.

**e.** Elle m'a demandé ton avis.

**f.** Tu as vu le film avec Louis Vidou ? C'est son affiche.

- les miennes
- la sienne
- le tien
- les siens
- les tiennes
- le mien

## Activité 11

**Je réponds aux questions comme dans l'exemple.**

*Et cette guitare ? C'est celle du musicien.*

**a.** Et le livre ? C'est .......................... du metteur en scène.

**b.** Et la robe ? C'est .......................... de la danseuse.

**c.** Et cet arbre en plastique ? C'est .......................... du décorateur.

**d.** Et les CD de musique ? Ce sont .......................... du chanteur.

**e.** Et les chaussures ? Ce sont .......................... des comédiennes.

# Musique

## Activité 12

**Je complète avec** *celle***,** *celles***,** *ceux***,** *celui* **+** *de* **/** *que* **/** *qui.*

*Cette place est à moi ! C'est <u>celle que</u> j'ai achetée.*

**a.** Il m'a demandé mon billet mais il n'a pas demandé ........................................................ Linda.

**b.** J'ai rencontré les amies de Jules. Ce sont ........................................................ font du théâtre.

**c.** Ce n'est pas la guitare de Rémy. C'est ........................................................ notre musicien.

**d.** Il me faut des places pour demain. Je prends ........................................................ tu as mises dans ton sac.

## Activité 13

**Je complète les phrases.**

**a.** Celle que j'aime ........................................................

**b.** Celles qui ........................................................

**c.** Celui de ........................................................

**d.** Celui qui ........................................................

**e.** Ceux que ........................................................

**f.** Ceux de ........................................................

## PHONÉTIQUE

 **Activité 14**

**J'écoute les phrases et je note dans le tableau si j'entends une liaison ou un enchaînement.**

|  | Liaison | Enchaînement |
|---|---|---|
| *Je suis allé à Lyon.* | ✗ | |
| *Je suis allé à Grenoble.* | | ✗ |
| **a.** Nous sommes arrivés hier. | | |
| **b.** Je n'ai pas encore terminé. | | |
| **c.** C'est un étudiant suédois. | | |
| **d.** Ils regardent encore la télé. | | |

**60 Activité 15**

**J'écoute et je répète ces phrases des deux manières.**

*Pierre et Gaëlle son**t a**llés au cinéma hier.*
*Pierre et Gaëlle sont allés au cinéma hier.*

**a.** Hélène, elle **est arrivée** il y a dix minutes **puis elle** est repartie !

**b.** Claire n'a **pas encore** téléphoné **mais elle** a écrit un message à toute la famille !

**c.** Nous **sommes allés** au concert de Christophe Maé et nous avons **beaucoup aimé** !

# X Bilan

 **1.** J'écoute mon oncle Gaby. J'associe les photos aux textes. Je complète les commentaires.

| | | |
|---|---|---|
| **a.** Mes ..................................... , Jacques et Françoise, avec ma ..................................... | **b.** Marthe et ses deux ..................... ..................................... , Zoé et Nicolas. | **c.** Mon ..................... Eugène, le ..................... de ma mère, ma ..................... Marthe et ma ..................... Lucie. |

 **2.** J'écoute encore. Je coche si c'est vrai ou faux et je modifie quand il y a une erreur.

| Vrai | Faux | |
|---|---|---|
| | | **a.** Vous étiez à la plage à côté de Marseille pendant l'été 1986. ............................................................................................ |
| | | **b.** Vous étiez au Cap-Ferret pendant les vacances de printemps. Tes parents étaient partis en bateau. ............................................................................................ |
| | | **c.** C'était un dimanche soir, on mangeait tous chez ta grand-mère Marthe. ............................................................................................ |

**3.** Je complète le message. J'utilise les mots de la liste.

*les tiens / la mienne / mon / celui de / celles de / celles que / celle de / mes / ton*

---

À : @ Stéphanie

Stéphanie,

J'ai vu tes photos. Je t'envoie ..................... j'ai dans mon album. Elles sont bien aussi.

Il y a deux familles, ..................... mon ami Pierre et ..................... .

Pour la fête, si tu fais ..................... gâteau au chocolat, je peux venir t'aider. On peut le préparer et commander des pizzas, ..................... Pizzados sont très bonnes.

Je prendrai ..................... CD et tu prendras ..................... .

À la fin de la soirée, on pourrait faire de la musique tous ensemble, je n'ai pas ..................... clavier mais je peux prendre ..................... Sophie.

À ce soir.

Lucas

# Rendez-vous 1 – Rendez-vous 2

**4. Pour finir la soirée chez Stéphanie, Jacky nous montre un article sur son ancien groupe de rock. Je complète les informations.**

JOURNALISTE : Racontez-nous quand vous aviez votre groupe de rock. Vous étiez célèbres, non ?
JACKY : Ah ! Mais oui, nous étions célèbres… dans le quartier ! Je me souviens encore du jour où j'ai vu arriver Mathieu et sa guitare. Il faisait froid cet hiver-là alors on jouait de la musique rock pour avoir chaud ! Moi, je préférais la musique funk et soul mais les autres étaient fans des Rolling Stones… J'ai toujours joué du piano alors, dans le groupe, j'ai pris le clavier électronique, Mathieu la guitare et mon oncle Pierre venait chanter ses chansons ! On a décidé du nom du groupe en septembre 2002 quand on a commencé à jouer : on s'appelait « Les Oiseaux noirs ». On a joué de 2002 à 2006 et après je suis parti à l'université. C'était une bonne période pour nous, les années lycée...

**a.** Le nom du groupe était : ....................................................................................

**b.** Jacky était : chanteur – guitariste – pianiste – bassiste.

**c.** Dans le groupe, il y avait : son frère – son oncle – sa tante.

**d.** Quel était le genre de musique du groupe ? soul – reggae – rock – funk – disco

**e.** La date de la création du groupe : ....................................................................

**f.** Combien de temps a duré le groupe ? ................................................................

**5. J'écris un message à Manu qui a raté la soirée.**

Nous avons tous passé une bonne soirée chez Stéphanie. ......................................

....................................................................................................................................

Après, ........................................................................................................................

Petit à petit, ..............................................................................................................

À la fin, ......................................................................................................................

....................................................................................................................................

**6. Je commente une de mes photos de famille. Je parle du lieu, de l'époque, de l'ambiance, des personnes et des événements.**

....................................................................................................................................

....................................................................................................................................

....................................................................................................................................

....................................................................................................................................

....................................................................................................................................

....................................................................................................................................

....................................................................................................................................

....................................................................................................................................

## Activité 1

**Je relie les mots aux définitions.**

a. Taper étoile

b. Enregistrer

c. Décrocher

d. Taper un texte

e. Annuler

1. écrire un texte

2. appuyer sur une touche qui représente une étoile

3. supprimer, effacer

4. garder en mémoire

5. action faite pour commencer une conversation téléphonique

 ## Activité 2

**J'écoute et j'écris sur quelle touche je dois taper.**

a. Nouveaux tarifs : ................................................................................

b. Boîte vocale : ................................................................................

c. Facture : ................................................................................

d. Parler à un agent : ................................................................................

e. Consommation : ................................................................................

f. Continuer : ................................................................................

g. Revenir au menu : ................................................................................

 ## Activité 3

**J'écoute à nouveau et je barre les réponses fausses.**

a. La personne appelle un service d'ambassade / une préfecture / une entreprise d'électricité / une entreprise de téléphonie.

b. La personne veut connaître sa consommation / changer le message de sa boîte vocale / parler à un ami / parler à un employé.

c. Pour avoir l'information, la personne doit taper dièse / étoile / son numéro de téléphone / son nom.

## Activité 4

**Problème informatique : tous les mots ont été mélangés ! Je retrouve le nom des cinq documents officiels.**

*une carte de conduire – une attestation de visa – un permis d'identité – un passeport de naissance*

a. ................................................................................

b. ................................................................................

c. ................................................................................

d. ................................................................................

e. ................................................................................

## Activité 5

**Je coche pour compléter le tableau.**

PC : permis de conduire / CI : carte d'identité / P : passeport / V : visa

|  | PC | CI | P | V |
|---|---|---|---|---|
| **a.** Ce document se compose de plusieurs feuilles. |  |  |  |  |
| **b.** Ma photo est obligatoire sur ce document. |  |  |  |  |
| **c.** Il donne des informations sur ma taille et la couleur de mes yeux. |  |  |  |  |
| **d.** Il donne des informations sur mon adresse. |  |  |  |  |
| **e.** Il donne des informations sur mes déplacements. |  |  |  |  |
| **f.** Actuellement en France, il est en papier et rose. |  |  |  |  |
| **g.** Actuellement en France, il est en plastique. |  |  |  |  |
| **h.** Il est obligatoire quand je voyage en dehors de l'Europe. |  |  |  |  |
| **i.** Il est obligatoire pour entrer dans certains pays. |  |  |  |  |
| **j.** Il est valable 10 ans. |  |  |  |  |

Quel document est le plus coché ? ....................

## Activité 6

**Je coche la bonne réponse.**

**a.** La personne qui est responsable d'un consulat :
☐ un consul.　　☐ un consultant.　　☐ un ambassadeur.

**b.** La personne qui est responsable d'une ambassade est :
☐ un maire.　　☐ un ambassadeur.　　☐ un consul.

**c.** La personne qui est responsable d'une préfecture est :
☐ un maire.　　☐ un ambassadeur.　　☐ un préfet.

**d.** La personne qui est responsable d'une mairie est :
☐ un maire.　　☐ un ambassadeur.　　☐ un consul.

## 🎧 63 Activité 7

**J'écoute et je coche où je peux entendre les phrases suivantes.**

Phrase a : ☐ une préfecture　　☐ une mairie

Phrase b : ☐ une ambassade　　☐ une préfecture

Phrase c : ☐ une ambassade　　☐ une mairie

Phrase d : ☐ une préfecture　　☐ un commissariat de police

## Activité 8

**Je transforme l'infinitif en gérondif.**

| Infinitif | Gérondif |
|---|---|
| **a.** parler | ............................. |
| **b.** écrire | ............................. |
| **c.** faire | ............................. |
| **d.** dire | ............................. |
| **e.** envoyer | ............................. |

| Infinitif | Gérondif |
|---|---|
| **f.** prendre | ............................. |
| **g.** mettre | ............................. |
| **h.** marcher | ............................. |
| **i.** vouloir | ............................. |
| **j.** demander | ............................. |

## Activité 9

**J'entoure M ou S pour indiquer si les phrases suivantes sont des gérondifs qui expriment la manière (M) ou la simultanéité (S).**

**a.** Ils rentrent en classe en chantant.  M / S

**b.** Virginie mange toujours en regardant la télévision.  M / S

**c.** Clément prend le bus en lisant ses cours.  M / S

**d.** Louise répond au téléphone en regardant ses messages.  M / S

**e.** Les Hautbois font le ménage en écoutant de l'opéra.  M / S

**f.** En lisant le journal, Romain prend son café.  M / S

**g.** Elena peut lire en marchant, c'est incroyable !  M / S

## Activité 10

**J'écris au gérondif les verbes à l'infinitif.**

**a.** Antoine fait ses courses (faire) ................................... très attention aux prix.

**b.** Lola achète un ordinateur (comparer) ................................... bien les différentes offres.

**c.** Les enfants font du sport (jouer) ................................... dans la cour de récréation.

**d.** Les vendredis, avec les collègues, nous finissons notre semaine (prendre) ................................... un verre au café « Le Kawoua ».

## Activité 11

**J'écris des phrases avec les éléments suivants.**

*Théo – consulter son téléphone / parler avec ses amis*
⇨ *Théo consulte son téléphone en parlant avec ses amis. / Théo parle avec ses amis en consultant son téléphone.*

**a.** Hélène – travailler / écouter les informations

.................................................................................................................................

**b.** Carine – réparer son ordinateur / écouter les instructions par téléphone

.................................................................................................................................

**c.** Pedro – conduire / ne pas répondre au téléphone

.................................................................................................................................

**d.** Mika – apprendre le français / s'amuser

.................................................................................................................................

## Activité 12

**Je complète les phrases avec** *tous / tout / toute / toutes / plusieurs / chaque* **et** *quelques***.**

a. ............................ les mardis et jeudis, elle va faire du sport. L'ensemble de la classe, donc ............................
les élèves ou plutôt ............................ les élèves, car il n'y a que des filles dans son groupe, sont très
sympathiques. ............................ fois (ce n'est pas arrivé souvent), elles se sont ............................ retrouvées pour
aller dîner ensemble.

b. Pour Nathan, Internet était comme une drogue : il ne pouvait pas vivre sans. ............................ jour et ............................
fois par jour, il regardait sa messagerie. Il était ............................ le temps en train d'envoyer des messages
à ............................ ses amis. Il ne pensait plus qu'à ça, il oubliait ............................ , même ............................
ses rendez-vous d'affaires ! Alors, ............................ ses amis et ............................ sa famille l'ont aidé.

##  Activité 13

**J'écoute et je réponds aux questions.**

Combien de fois j'entends le mot *tout(e)* ? ............................

Je réécoute et j'indique combien de fois j'entends *tout, tous* et *toute*.

*Tout* : ............................ fois / *tous* : ............................ fois / *toute* : ............................ fois

## Activité 14

**J'écoute à nouveau et je souligne la bonne réponse.**

a. Chaque fois / Tout le temps / Plusieurs fois, ses amis ont essayé de lui apprendre des nouvelles recettes.

b. Chaque fois / Quelques fois / Plusieurs fois, elle ajoute des courgettes ou des poivrons.

c. Chaque fois / Tout le temps / Plusieurs fois, qu'elle change de recette, elle n'aime pas.

## PHONÉTIQUE

## Activité 15

**J'écoute et je complète avec les graphies des sons [ʃ] – [ʒ] – [j].**

Pour mes vo...a....es en av....on, ....e ....oisis tou....ours des vols ....arter et je ne pa....e ....amais ca....  ! Cette année,
....'ai ....oisi un sé....our ori....inal en fam....lle aux Sey....elles avec bronza....e sur la pla....e et plon....ée sous-
marine au milieu de la barr....ère de cor....l ! J'ai télé....ar....é la bro....ure sur le site de l'a....ence de vo....a....e.

## Activité 16

**J'écoute et je répète les phrases de plus en plus vite.**

a. Natacha cherche son chat beige.

b. Sachez que Natacha cherche son chat beige.

c. Sachez, mon cher, que Natacha cherche son chat beige.

d. Sachez, mon cher Serge, que Natacha cherche toujours son chat beige.

## Activité 1

**Je trouve les mots.**

**a.** C'est une phrase courte dans une publicité qui doit être facile à retenir. Un __ __ __ __ __ __ __

**b.** On en trouve dans des magazines, elle sert à montrer les qualités d'un produit. Une __ __ __ __ __ __ __ __ __ __

**c.** C'est un petit symbole ou dessin qui représente une marque ou une société. Un __ __ __ __

**d.** Ce sont les éléments de la publicité qui ne sont pas mis devant. L'__ __ __ __ __ __ __ __ – __ __ __ __

**e.** C'est l'élément important d'une publicité. L'__ __ __ __ __

## (67) Activité 2

**J'écoute et je note les qualités nécessaires aux éléments d'une publicité.**

| Image | Slogan | Couleur | Logo | Thème |
|-------|--------|---------|------|-------|
| – ................... | – ................... | – ................... | – ................... | – ................... |
| – ................... | – ................... | – ................... | – ................... | – ................... |

## Activité 3

**Je regarde l'affiche et je coche deux cases pour chaque élément.**

**a.** L'image :

☐ grande    ☐ petite    ☐ dessin    ☐ photo

**b.** Le slogan :

☐ simple    ☐ gros    ☐ une phrase    ☐ des mots

**c.** Le logo :

☐ en bas    ☐ en haut    ☐ à droite    ☐ à gauche

**d.** Le thème :

☐ des gens    ☐ des objets    ☐ jeunes    ☐ adultes

**e.** Le site Internet :

☐ en bas    ☐ en haut    ☐ à droite    ☐ à gauche

## Activité 4

**J'observe l'affiche de l'activité 3 et je complète le texte avec les mots de la liste.**

*slogan – logo – premier plan – arrière-plan – en bas – à droite – en haut*

L'affiche pour cette marque de vêtements est moderne mais on trouve les mêmes éléments que sur toutes les affiches publicitaires.

On peut remarquer un coté moderne avec la couleur grise à l'................................... et au ...................................

les trois personnes en mouvement en l'air. Le ................................... ne donne pas beaucoup d'informations.

C'est le ..................................., placé ................................... et ..................................., qui donne l'information principale,

l'identité de la marque. Pour finir, placé ..................................., on peut lire l'adresse Internet de la marque.

# Nuit de la pub

## 🎧 68 Activité 5

**J'écoute le dialogue et j'écris les informations sur la publicité.**

a. L'image : ...............................................................................................................

b. Le texte : ...............................................................................................................

c. Le logo : ...............................................................................................................

d. Le slogan : ...............................................................................................................

## Activité 6

**Je choisis une affiche publicitaire de mon pays et j'en fais la description.**

...............................................................................................................

...............................................................................................................

...............................................................................................................

...............................................................................................................

## 🎧 69 Activité 7

**J'écoute et je coche les hypothèses proposées par Marc à Pauline.**

a. Se voir ☐

b. Aller dans un magasin de voitures ☐

c. Acheter une voiture ☐

d. Essayer la voiture avec l'oncle de Marc ☐

e. Faire des courses ☐

f. Manger au restaurant ☐

## Activité 8

**J'écris le numéro des phrases dans la bonne colonne.**

a. S'il fait beau aujourd'hui, on pourra aller lire dans le parc.

b. Si elles veulent voir un bon film, elles doivent choisir le dernier film d'Audiard.

c. Si elle est là ce week-end, elle pourra faire du sport avec nous.

d. Si vous avez Internet, vous pouvez chercher des informations sur cet écrivain.

e. Si tu as faim, mange un fruit.

f. Si tu viens, nous irons à la piscine avec Willy et Mona.

| Une possibilité | Un conseil / Une proposition |
|---|---|
| ............................................. | ............................................. |

## Activité 9

**Je mets les mots dans l'ordre.**

**a.** Si / fera / Fabio / gâteau / le / lui / chocolat / un / aime / on

...................................................................................................................................................

**b.** fête / cadeau / elles / un / Si / doivent / à / acheter / viennent / la / elles

...................................................................................................................................................

**c.** Michèle / chambre / elle / amis / Si / d' / la / vient / dans / dormira

...................................................................................................................................................

**d.** ses / ma / ne / finit / mère / on / contente / gâteaux / sera / Si / pas

...................................................................................................................................................

## Activité 10

**J'utilise les mots pour écrire des hypothèses au présent, à l'impératif, au futur proche ou au futur simple.**

*Acheter ce pull – être très élégant – elle* ➯ *Si elle achète ce pull, elle va être très élégante.*

**a.** aimer les publicités – aller à « La nuit des publivores » – il

...................................................................................................................................................

**b.** travailler trop tard – oublier d'aller chez ses amis – tu

...................................................................................................................................................

**c.** avoir très chaud – aller à la piscine – tu

...................................................................................................................................................

**d.** être très fatigué – dormir pendant une heure – je

...................................................................................................................................................

**e.** avoir des vacances – partir dans un pays étranger – elles

...................................................................................................................................................

**f.** aller en France – acheter des cadeaux pour tous ses amis – nous

...................................................................................................................................................

## Activité 11

**Je fais trois hypothèses pour chaque thème.**

**a.** Les vacances : *Si j'ai des vacances, je partirai avec toi.*

Si je n'ai pas de vacances, ...........................................................................................................

Si tu as des vacances, .................................................................................................................

**b.** Le travail : ..............................................................................................................................

...................................................................................................................................................

...................................................................................................................................................

**c.** Les amis : ...............................................................................................................................

...................................................................................................................................................

## Activité 12

**Je lis les phrases et je souligne le ou les mots remplacés par** *dont.*

*C'est <u>le festival</u> dont tout le monde parle.*

**a.** C'est l'affiche dont le thème est le Festival de Cannes.

**b.** Passe-moi la photo dont l'agence de publicité a besoin.

**c.** Les célébrités dont on ne parle pas ne sont jamais photographiées.

**d.** Le festival dont les films sont très artistiques est très connu.

**e.** Tu lui as parlé de ces artistes dont il s'occupe ?

**f.** Ta mère parle du prix dont ce réalisateur rêve.

## Activité 13

**Je complète le dialogue avec** *qui*, *que*, *dont.*

> Rappel : *qui* est sujet / *que* est complément / *dont* remplace un complément + *de*

– Tu te souviens de cette vieille publicité ........... passait à la télévision ? C'était pour un fromage ........... on

mangeait souvent à la maison.

– Ah ! Oui, c'est le Marbleu ........... tu parles ?

– Non, non, un fromage de chèvre ........... le nom était comique.

– Pourquoi tu me demandes ça ? Tu veux en acheter ?

– Non, mais j'aimerais faire une surprise à Véronica ........... adorait ce fromage. Je cherche une affiche ...........

je pourrais lui offrir pour sa cuisine.

– Hum, moi, si tu me dis « fromage de chèvre », c'est le Chevret ........... je me rappelle.

– Non, ce n'est pas cette marque...

– Alors je ne peux pas t'aider. Tu peux aller au magasin de fromages ........... Philippe est le propriétaire.

Ils pourront t'aider.

– Ça, c'est une idée ! Merci !

## PHONÉTIQUE

 ## Activité 14

**J'écoute les phrases et je complète avec les graphies des sons [p] – [b] – [f] – [v].**

J'adore toutes les ....êtes ! D'a....ord, il y a la ....ête des ....oisins, ....uis la ....ête des mères et la ....ête des ....ères,

la ....ête de la Musique et en....in : Lire en ....ête ! Le slogan que je ....ré....ère, c'est ....our la ....ête de la Musique :

....aites de la musique ! C'est une su....er idée ....our ....aire une ....onne ....u....licité !

 ## Activité 15

**J'écoute et je répète les virelangues de plus en plus vite.**

**a. P**auvre **p**etit **p**aquet **p**ostal **p**erdu et **p**as **p**arti **p**our **P**apeete !

**b. B**ill le **b**ar**b**u **b**oit une **b**onne **b**ière **b**rune au **b**ar !

**c. F**abrice **f**uit le **f**isc qui **f**ixe de si **f**ortes taxes en **f**évrier !

**d. V**i**v**iane a **v**u son **v**élo **v**olé **v**ingt fois en jan**v**ier !

**1. Je voudrais demander des informations pour participer au concours « Une affiche pour ma ville ». Où dois-je appeler ?**

☐ à l'ambassade          ☐ à la préfecture          ☐ à la mairie          ☐ au consulat

**2. Je téléphone pour essayer d'obtenir des renseignements. Je complète avec les mots de la liste. J'écoute pour corriger.**

*tapez (× 5) – d'identité – quelques – toute – quittez –
horaires – de famille – patienter – annuler – appuyez sur*

« Bonjour, vous êtes bien sur le répondeur intelligent de votre mairie. Afin de vous donner les meilleurs services et de vous faire ................................................ le moins possible, veuillez indiquer le motif de votre appel.

................................................ 1, si vous voulez connaître les ................................................ d'ouverture.

................................................ 2, si vous souhaitez avoir des informations sur les travaux d'urbanisme.

................................................ 3 pour toute démarche administrative (fiche d'état civil, carte ................................................,

livret ................................................).

................................................ 4 pour connaître la date du prochain conseil municipal.

................................................ 5 pour ................................................ autre information.

Votre choix fait, ................................................ dièse pour confirmer ou tapez étoile pour ................................................ et revenir au menu.

Ne ................................................ pas, un agent va vous répondre. Veuillez patienter ................................................ instants.

**Sur quelle touche je dois appuyer pour avoir des informations pour mon concours ?** ................

**3. Je lis le message que le responsable du concours m'envoie. J'écris sur le schéma (p. 73) les numéros des indications et je réponds aux questions.**

> Bonjour,
>
> Suite à notre conversation téléphonique, je vous communique les instructions pour la mise en page de l'affiche qui sont très strictes.
>
> Vous devez mettre en arrière-plan une image ou une photo de la ville en couleur. En haut à gauche, doit figurer le logo de la ville et, de l'autre côté donc en haut à droite, vous devez mettre le logo de la région. Vous pouvez les télécharger sur notre site dans la rubrique concours.
>
> Ensuite, pour le slogan vous avez le choix : au milieu ou en bas, c'est comme vous voulez. Ce qui est très important, c'est qu'il ne faut rien écrire verticalement.
>
> Et enfin, vous avez la possibilité de mettre vos initiales en bas à droite.
>
> Toutes les affiches qui ne suivent pas ce schéma seront éliminées.
>
> Bonne chance !
>
> Bien cordialement
>
> Tommy Lafiche

# Rendez-vous 1 – Rendez-vous 2

1. mes initiales
2. image de la ville
3. slogan
4. logo de la ville
5. logo de la région

a. Qu'est-ce qu'il est interdit de faire ? .................................................................................................

b. Quelle est la caractéristique de l'image de la ville ? ......................................................................

c. Où est-ce que je peux trouver les logos ? .........................................................................................

**4. J'écris les informations qu'on m'a données pour ne pas les oublier. Je construis mes phrases en suivant l'exemple.**

*Si je respecte les instructions, j'aurai une chance de gagner. / Si je ne respecte pas les instructions, je serai immédiatement éliminé.*

a. Respecter les instructions

b. Mettre une photo en couleur

c. Faire apparaître les logos

d. Écrire verticalement

e. Écrire le slogan en bas

f. Changer la mise en page

je serai immédiatement éliminé

je ne serai pas immédiatement éliminé

j'aurai une chance de gagner

..............................................................................................................................................................

..............................................................................................................................................................

..............................................................................................................................................................

..............................................................................................................................................................

**5. Je suis déçu(e) car l'affiche que j'avais imaginée ne respecte pas le schéma imposé. Un ami graphiste me donne des conseils pour respecter la mise en page et pour avoir une chance de gagner.**

*mieux voir la photo de la ville – déplacer le slogan en bas ⇨ On verra mieux la photo de la ville en déplaçant le slogan en bas.*

a. respecter le schéma – peut-être gagner le concours

..............................................................................................................................................................

b. oublier les logos – être éliminé

..............................................................................................................................................................

c. attirer l'attention – utiliser du rouge

..............................................................................................................................................................

d. créer un slogan court – marquer les esprits

..............................................................................................................................................................

## Activité 1

**Je lis les définitions et je trouve le mot.**

*Une personne qui n'a pas de travail, qui cherche du travail. Un chômeur*

**a.** La liste des choses que je sais faire. Mes c...........................................

**b.** C'est un travail que font les étudiants en général, pendant l'été. Un p......................... b.........................

**c.** L'heure à laquelle on commence et on finit son travail. Les h...........................................

**d.** Un employeur cherche une personne pour effectuer un travail, il écrit une o......................... d'.........................

## Activité 2

**J'associe une personne à une offre d'emploi. Puis je coche « oui » si le profil correspond bien à l'annonce ou « non » si le profil ne correspond pas à l'annonce et je note le problème.**

**Annonce 1**
GRAPHISTE MULTIMÉDIA
Descriptif du poste : société de production de films recherche une personne pour la réalisation d'un site Internet et la préparation des affiches.
Lieu de travail : Luxembourg
Niveau d'études : enseignement supérieur
Expérience souhaitée : 1 année dans le domaine du cinéma
Langue : allemand courant – C1

**Annonce 2**
TRADUCTEUR
Descriptif du poste : traducteur bilingue français / anglais pour jeux vidéo aimant les jeux vidéo et les langues.
Lieu de travail : Canada
Niveau d'études : enseignement supérieur
Expérience souhaitée : 1 an
Langues : français et anglais avancé – C2

**Annonce 3**
CHEF CUISINIER
Descriptif du poste : chef cuisinier dans un restaurant français
Lieu de travail : Minsk, Biélorussie
Niveau d'études : enseignement professionnel / apprentissage
Expérience : débutant accepté
Langue : anglais bon niveau – B2

**Annonce 4**
ARCHIVISTE-DOCUMENTALISTE
Descriptif du poste : stage dans le cadre du programme européen Eurodyssée ; organiser les collections des êtres vivants marins ; avoir moins de 30 ans
Lieu de travail : Portugal
Expérience : débutant accepté
Diplôme : bibliothécaire
Langue : anglais bon niveau – B2

• Angela : « J'ai 18 ans, un diplôme professionnel de cuisinier et je parle anglais et allemand. Je cherche un emploi en France. »

• Bertrand : « Mon père est anglais et j'ai 26 ans. J'ai travaillé dans la traduction de romans à Londres. Je suis libre à partir du mois d'août. »

• Yohan : « J'ai 28 ans, j'ai toujours rêvé d'aller vivre à l'étranger et j'adore le cinéma. J'ai déjà créé plusieurs sites Internet. »

• Fabio : « J'ai fait des études de biologie et ma grand-mère est portugaise. J'ai 31 ans. Je cherche un travail dans un laboratoire de recherche. »

| | Annonce n° | Oui | Non | Problème |
|---|---|---|---|---|
| Angela | ................ | | | ................................................................ |
| Bertrand | ................ | | | ................................................................ |
| Yohan | ................ | | | ................................................................ |
| Fabio | ................ | | | ................................................................ |

# Un petit boulot

## Activité 3

**Je complète le CV de Paul avec les informations.**

– Célibataire
– Paul Durcel
– Violoncelle
– 2 rue des pêcheurs 29200 Ouessant
– Master 2 en sciences du langage, université de Bretagne Occidentale
– 2008-2010 Professeur de français, Libye

– Anglais, arabe, notions de hongrois
– 02 98 22 21 25
– Le 2 mai 1987
– Française
– Licence de lettres modernes, université de Bretagne Occidentale
– 2007-2008 Assistant de français, Hongrie

| | |
|---|---|
| ................................................ | Nationalité : ................................................ |
| ................................................ | Date de naissance : ................................................ |
| Tél : ................................................ | État civil : ................................................ |
| Diplômes : ................................................ | |
| Expériences : ................................................ | |
| Langues parlées : ................................................ | |
| Loisirs : ................................................ | |

## (73) Activité 4

**J'écoute et je note les informations à propos d'Estelle.**

**a.** Expérience d'Estelle : ................................................

**b.** Lieu de travail : ................................................

**c.** Tâches à effectuer dans le bar : ................................................

**d.** Qualités demandées : ................................................

**e.** Type de contrat proposé : ................................................

**f.** Vêtements pour travailler : ................................................

## Activité 5

**Je relie les phrases à leur signification.**

**a.** Je dois donner ma carte en arrivant et en partant de mon boulot. •

**b.** Ne pas fumer dans les bâtiments de l'entreprise. •

**c.** Je ne peux pas arriver avant 8 h car il n'y a pas de bus avant 7 h 30. •

**d.** Il me faut encore 5 h pour finir ce dossier. •

**e.** C'est nécessaire d'avoir l'autorisation du directeur avant de passer
les commandes. •

**f.** On ne peut pas venir en jean au travail. •

• **1.** C'est une impossibilité.

• **2.** C'est une obligation.

• **3.** C'est une nécessité.

• **4.** C'est une interdiction.

## Activité 6

**Je souligne les expressions du souhait et de l'espoir.**

**a.** Cette année, j'espère avoir une promotion.

**b.** Je souhaite partir en vacances en juillet.

**c.** Avant la fin de l'année, il voudrait une promotion.

**d.** Nous aimerions avoir une pause à 10 h 30.

**e.** Le matin, elles ne veulent pas se réveiller.

**f.** Michel espère trouver un travail.

## Activité 7

**Je transforme les phrases comme dans l'exemple.**

*Il faut passer un entretien pour avoir cet emploi. (tu) ⇨ Il faut que tu passes un entretien pour avoir cet emploi.*

**a.** Il faut parler le français et l'anglais. (tu) ...............................................................................

**b.** Il est nécessaire de porter un costume ou une robe. (ils) .................................................

**c.** Il faudrait avoir une expérience de 2 ans minimum. (vous) .............................................

**d.** Il faut habiter à Bruxelles. (nous) ....................................................................................

**e.** Il est nécessaire d'avoir le permis de conduire. (on) .......................................................

**f.** Il n'est pas possible de porter un tee-shirt. (tu) ..............................................................

**g.** Il n'est pas possible d'être avec toi. (nous) .....................................................................

**h.** Il est nécessaire d'avoir cet emploi. (tu) ..........................................................................

## Activité 8

**Je complète les phrases. J'utilise les pronoms et les verbes de la liste au subjonctif présent ou à l'infinitif.**

*parler – téléphoner – être – porter – fumer – arriver – passer – passer*

**a.** Il est nécessaire de ............................................................. au bureau le matin à 8 heures.

**b.** Nous souhaitons que (tu) ................................................................ une bonne journée.

**c.** C'est important que (vous) ............................................................ bien habillé.

**d.** Il faut que (nous) ........................................................... tranquillement.

**e.** Il doit ........................................................... un costume sombre.

**f.** Elles espèrent que (elle) ........................................................... un bon entretien.

**g.** Il est interdit de ........................................................... dans les bureaux.

**h.** On voudrait que (il) ........................................................... après l'entretien.

## (74) Activité 9

**J'écoute le message de mon ami Patrick et je coche la bonne colonne.**

| | À faire | À éviter |
|---|---|---|
| **a.** se coucher tôt | ☐ | ☐ |
| **b.** étudier après minuit | ☐ | ☐ |
| **c.** parler français et anglais | ☐ | ☐ |
| **d.** regarder un bon film en anglais | ☐ | ☐ |
| **e.** prendre des fruits | ☐ | ☐ |
| **f.** manger léger | ☐ | ☐ |
| **g.** boire beaucoup d'eau | ☐ | ☐ |
| **h.** avoir un stylo noir | ☐ | ☐ |
| **i.** utiliser le dictionnaire | ☐ | ☐ |

## Activité 10

**Un ami veut passer un examen important. Je complète les phrases pour lui donner des conseils.**

**a.** Il faut que ...........................................................................................................................

**b.** Il est important que ............................................................................................................

**c.** Il est nécessaire que ....................................................................................................................................

**d.** Tu dois ...............................................................................................................................................................

**e.** Il est interdit de ........................................................................................................................................

## Activité 11

**J'écris la liste de mes espoirs pour le futur en suivant les indications.**

• J'espère + un nom ou un verbe

**a.** *J'espère un nouveau travail.*

**b.** ...........................................................................................................................................................................

• J'espère + que

**c.** ...........................................................................................................................................................................

**d.** ...........................................................................................................................................................................

• Je souhaite + un nom ou un verbe

**e.** Je souhaite ................................................................................................................................................

**f.** ...........................................................................................................................................................................

• Je souhaite + que

**g.** ...........................................................................................................................................................................

**h.** ...........................................................................................................................................................................

## Activité 12

**J'écris un message au responsable de mon école ou de mon travail. Je lui explique mes idées pour un meilleur fonctionnement de ce lieu.**

.....................................................................................................................................................................................

.....................................................................................................................................................................................

.....................................................................................................................................................................................

## PHONÉTIQUE

## (75) Activité 13

**J'écoute et je répète le dialogue. Je complète avec les mots qui contiennent un accent d'insistance.**

*très (× 2) – faut (× 2) – tellement – nécessaire – vraiment (× 3) – parfait – pour – meilleur – faudra – tous – tout (× 2) – sûr – direct – parfaitement – raison – j'espère – pleine*

– Oh là là ! Demain matin, j'ai un entretien d'embauche ! Je suis ................................ inquiet ! Je voudrais ................................ que ça marche ! Oh là là, il ................................ que je me calme !

– Il faut ................................ que demain tu sois en ................................ forme et que tu sois ................................ à fait prêt ! D'abord, ce soir, il ............... que tu te couches ............... tôt ! Et puis tu devras ................................ connaître ton CV.

– ................................ que je réussirai à convaincre le directeur que je suis le ................................ candidat !

– Il est ................................ que tu sois ................................ et ................................ sincère ! Il ................................ que tu lui montres ................................ tes atouts ! Je suis ................................ que ................................ se passera bien !

– Je souhaite ................................ que tu aies ................................ !

– Écoute, ce poste est ................................ par rapport à ton expérience ! Il est ................................ toi ! »

## Activité 1

**J'associe les synonymes.**

a. s'embrasser

b. se séparer

c. une petite amie

d. tomber amoureux

e. en couple

f. un copain

1. une petite copine

2. avec quelqu'un

3. un ami

4. ne plus être ensemble

5. commencer à aimer quelqu'un

6. se faire la bise

## Activité 2

**a. Je lis et je coche la ou les possibilités pour les différentes situations de la vie en France.**

| | Faire la bise | Tutoyer | Serrer la main | Vouvoyer |
|---|---|---|---|---|
| 1. Le directeur entre dans mon bureau. | ☐ | ☐ | ☐ | ☐ |
| 2. Je rencontre ma cousine au supermarché. | ☐ | ☐ | ☐ | ☐ |
| 3. Je retrouve mes parents après une semaine de vacances. | ☐ | ☐ | ☐ | ☐ |
| 4. Un adulte inconnu me parle dans la rue. | ☐ | ☐ | ☐ | ☐ |
| 5. Une femme parle avec son enfant. | ☐ | ☐ | ☐ | ☐ |
| 6. Je discute avec un employé dans un magasin. | ☐ | ☐ | ☐ | ☐ |

**b. Je coche d'une autre couleur la ou les possibilités pour les mêmes situations dans mon pays.**

## Activité 3

**Je remets dans l'ordre les événements de la vie de Victor Rastovitch.**

a.
Pour moi, la France était le pays parfait mais elle voulait changer. Alors, elle a trouvé du travail en Italie et on est partis. On a trouvé une location dans une belle résidence.

..............

b.
Maintenant, on est revenus en France. On a une petite maison dans le Sud-Ouest, près de l'Espagne. Nos petits-enfants viennent passer leurs vacances chez nous. Et nous, on visite toute la région. J'apprends un peu l'espagnol !

..............

c.
J'ai trouvé un emploi dans un laboratoire. Tout le monde était sympathique et se tutoyait. J'ai vite appris l'italien ! Et après quelques années, je suis devenu le directeur du laboratoire. Nous sommes restés 10 ans et c'est là que Pietro et Martin sont nés.

..............

d.
Avec mes parents, nous sommes partis de Russie quand j'avais 7 ans. Cela a été facile de s'installer en France. J'ai appris la langue française à l'école et je me suis toujours senti français.

..............

e.
Après le lycée, j'ai étudié à l'université quelques années. Et c'est là que j'ai rencontré Hélène, ma femme. Nous étions ensemble en cours de physique. Je suis tombé amoureux d'elle au premier instant.

..............

# Nouvelles rencontres

**2** Rendez-vous

## Activité 4

**J'écris l'histoire de Béatrice et Didier.**

........................................................................................................................................................

........................................................................................................................................................

........................................................................................................................................................

........................................................................................................................................................

## Activité 5

**J'écoute et je barre les réponses fausses.**

**a.** Mme Berthet veut déménager dans : une semaine / un mois / trois mois.

**b.** Elle aimerait s'installer dans : un studio / une maison / un appartement.

**c.** Elle veut que ce soit : meublé / vide.

**d.** C'est important qu'il y ait : la climatisation / le chauffage / la climatisation et le chauffage.

**e.** Elle cherche une location pour : une année / deux années / dix années.

**f.** Elle peut payer un loyer de : 600 / 800 / 1 200 euros.

## Activité 6

**Je lis la lettre et je réponds aux questions.**

> Salut Marc,
> Comme tu habites à Bruxelles depuis longtemps, j'ai pensé à toi parce que je cherche un logement. J'ai trouvé un emploi dans cette ville et je viens m'y installer avec ma famille. Nous sommes quatre et nous cherchons à louer un grand appartement meublé. Il faut aussi une place pour la voiture. Nous voulons un loyer de 800 à 1 200 euros par mois. Il faut que nous soyons près d'une école. Mes enfants préféreraient une résidence avec piscine mais je pense qu'une maison est bien aussi. Nous voulons nous installer au début du mois prochain. Pourrais-tu regarder les annonces et me les envoyer ?
> Merci d'avance.
> La famille Berton

**a.** Où la famille veut-elle déménager ? ........................................................................................................

**b.** Quand ? ...........................................................................................................................................................

**c.** Quels types de logement cherchent-ils ? .................................................................................................

**d.** Pourquoi déménagent-ils ? ..........................................................................................................................

**e.** Près de quoi veulent-ils habiter ? ...............................................................................................................

**f.** Que doit faire Marc ? ....................................................................................................................................

## Activité 7

**a. Je coche la bonne colonne.**

| | Conditionnel présent | Futur simple | Imparfait |
|---|:---:|:---:|:---:|
| **1.** Nous trouverions la solution. | ☐ | ☐ | ☐ |
| **2.** Bénédicte et Céline prendront le train. | ☐ | ☐ | ☐ |
| **3.** Tu verrais Pierre. | ☐ | ☐ | ☐ |
| **4.** Vous faisiez du sport. | ☐ | ☐ | ☐ |
| **5.** Sophie finira son projet. | ☐ | ☐ | ☐ |
| **6.** Marcel irait à Paris. | ☐ | ☐ | ☐ |
| **7.** Elles partaient souvent. | ☐ | ☐ | ☐ |
| **8.** Stéphanie aimerait l'Italie. | ☐ | ☐ | ☐ |

**b. Je transforme au conditionnel présent les phrases qui ne le sont pas.**

.............................................................................................................................................................

.............................................................................................................................................................

## Activité 8

**Je transforme les phrases comme dans l'exemple.**

*Je suis riche, je voyage beaucoup.* ⇨ *Si j'étais riche, je voyagerais beaucoup.*

**a.** Arthur réussit l'examen. Il devient directeur. ..........................................................................

**b.** Ils se marient. Ils habitent dans une grande villa. ....................................................................

**c.** Monique va en Angleterre. Je garde son chat. .........................................................................

**d.** Tu achètes un appartement. Nous te donnons des meubles. ....................................................

**e.** Je prends des cours de cuisine. J'ouvre mon restaurant. .........................................................

**f.** Je viens pendant une semaine. Vous me faites visiter la ville. ..................................................

## Activité 9

**Je lis les phrases et je coche** *conseil,* *désir* **ou** *hypothèse.*

| | Conseil | Désir | Hypothèse |
|---|:---:|:---:|:---:|
| **a.** Si j'étais une chanteuse, je serais Shakira. Je danserais bien et tout le monde me connaîtrait. | ☐ | ☐ | ☐ |
| **b.** Vous pourriez sortir plus souvent. | ☐ | ☐ | ☐ |
| **c.** Si j'étais un animal, je serais un hippopotame et je resterais tranquillement dans l'eau. | ☐ | ☐ | ☐ |
| **d.** Si j'étais un personnage historique, je serais Jules César. J'habiterais à Rome et j'aurais beaucoup de pouvoir. | ☐ | ☐ | ☐ |
| **e.** Ils aimeraient se faire de nouveaux amis. | ☐ | ☐ | ☐ |
| **f.** Si tu étais sportif, tu devrais t'entraîner tous les matins. | ☐ | ☐ | ☐ |

## Activité 10

**Je fais des hypothèses.**

*Si j'allais vivre au Mexique, je partirais avec* ...........................................................................

.............................................................................................................................................................

# Nouvelles rencontres

## Activité 11

**Je lis les réponses et j'écris les questions avec les mots de la liste.**

~~pour~~ – dans – à – sur – avec – chez – pour

*Tu l'as fait pour qui ?*        *Je l'ai fait pour mes amies.*

a. ..............................................................................   Il s'installe dans l'appartement de Matt.

b. ..............................................................................   Robert a parlé au père de Sabine.

c. ..............................................................................   Nous nous sommes préparés pour le voyage.

d. ..............................................................................   Nous allons chez Caroline.

e. ..............................................................................   Tu peux travailler avec Mouloud.

f. ..............................................................................   Il écrit son projet sur l'île de la Réunion.

## Activité 12

**Je relie les questions aux réponses.**

a. Duquel ?     •
b. Dans lequel ?     •
c. Avec lequel ?     •
d. Dans laquelle ?     •
e. Lesquels ?     •
f. Pour lesquelles ?   •
g. Auxquels ?     •

• 1. Je pars dans un pays étranger.
• 2. Je vais dans une grande ville.
• 3. J'écrirais souvent à mes amis.
• 4. Je mangerais la cuisine du pays.
• 5. J'irai visiter les quartiers historiques.
• 6. Je travaillerai pour des sociétés françaises.
• 7. Je m'installerai avec un ami anglais.

## PHONÉTIQUE

 **Activité 13**

**J'écoute les verbes et je coche comme les exemples.**

| | J'entends l'imparfait | J'entends le conditionnel |
|---|---|---|
| je marchais | ✔ | |
| je marcherais | | ✔ |
| a. | | |
| b. | | |
| c. | | |

| | J'entends l'imparfait | J'entends le conditionnel |
|---|---|---|
| d. | | |
| e. | | |
| f. | | |
| g. | | |
| h. | | |

 **Activité 14**

**J'écoute et je répète ces phrases de plus en plus vite.**

a. Trois gros rats gris trottaient hier soir sur l'étroit trottoir.
b. Treize tortues courent pour attraper une grosse scarole bien grasse.
c. Rémy part toujours au travail avec un grand sourire et un rire léger !
d. Trente-trois gros crapauds verts sautent dans trente-trois gros trous creux.

# Bilan

 **1.** J'ai fini d'écrire le CV de mon amie Assia. Je complète avec le nom des rubriques.

| | | |
|---|---|---|
| Assia Beldaut<br>15 rue de Cassis, 13008 Marseille<br>Tél : 04 42 01 09 10 | | En couple<br>Française, 26 ans |
| ..................................... : | | Master de droit des affaires, université de Provence<br>Licence de droit, université de Provence |
| ..................................... : | | 2010-20... Journaliste à *La Provence*, Marseille<br>2008-2010 Pigiste à *Voici*, Paris |
| ..................................... : | | Anglais B2, espagnol A2, italien B1 |
| ..................................... : | | Natation, parapente |

**2.** J'écoute le message et j'écris les informations.

**a.** Sujet du message : .................................................................................................................................

**b.** Visa pour : ............................... personnes

**c.** Durée du visa : .................................................................................

**d.** Lieu d'habitation à Montréal : ..............................................................................

**e.** Rendez-vous : le ............................................................. à ...........................................

**3.** Je lis le mél de l'administration et la lettre de Valérie. Je barre les informations fausses dans la lettre de Valérie et je les modifie.

Madame, Monsieur,

Vous désirez faire une demande pour un emploi dans l'administration de notre pays. Je vous donne donc les informations nécessaires sur le profil recherché et sur l'entretien.

• Durée du contrat : indéterminée.

• Critères de sélection :

– parler français et anglais,

– avoir travaillé dans un domaine identique,

– être ou avoir un membre de sa famille de nationalité canadienne,

– avoir le permis de conduire,

– avoir plus de 25 ans,

– avoir un diplôme universitaire.

Pour l'entretien, il est nécessaire de présenter un CV, une lettre manuscrite et 1 photo.

Bien à vous,

Le responsable des ressources humaines

Pierre Pêcheur

Salut Assia !

J'ai noté des informations pour ton entretien de boulot. À vérifier !

**a.** Il faut apporter tes diplômes.

.............................................................

**b.** Il faut avoir de l'expérience.

.............................................................

**c.** On doit avoir de la famille dans le pays.

.............................................................

**d.** Il faut être marié.

.............................................................

**e.** Il faut parler 3 langues.

.............................................................

Valérie

**4.** Avec Assia, on essaie de trouver les questions que l'on va lui poser à l'entretien. Je complète les questions.

**a.** Dans quel(le)(s) ............................................................................................................

**b.** Avec qui ....................................................................................................................

**c.** Depuis quand .............................................................................................................

**d.** Pour quel(le)(s) ..........................................................................................................

**e.** À qui .........................................................................................................................

**5.** Je relie les éléments des colonnes pour retrouver les conseils d'un ami. Plusieurs réponses sont possibles.

**a.** C'est impossible de

**b.** Il faut que

**c.** Ce n'est pas important de

**d.** J'espère que

**e.** J'aimerais que

**f.** Je te souhaite

1. un travail bien payé.

2. tu trouveras un emploi.

3. tu t'habilles bien pour venir à l'entretien.

4. tu envoies ton CV à mon directeur.

5. mettre tous les détails sur ton CV.

6. trouver un boulot sans CV.

**6.** J'écris les souhaits d'Assia.

Dr. ASSIA B.

**a.** Pour le logement, elle aimerait habiter...............................................................................

..................................................................................................................................

**b.** Pour la famille, .........................................................................................................

..................................................................................................................................

**c.** Pour la profession, ....................................................................................................

..................................................................................................................................

**d.** Pour les activités, .....................................................................................................

..................................................................................................................................

## Activité 1

**Je relie chaque mot à son contraire.**

a. sombre •           • **1.** animé
b. calme •           • **2.** désagréable
c. vivant •          • **3.** clair
d. agréable •        • **4.** tranquille

## Activité 2

**Je relie les mots aux différents adjectifs qu'il est possible d'utiliser avec ce mot.
Plusieurs réponses possibles.**

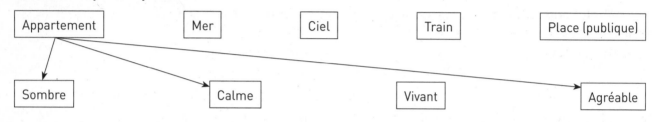

Avec quel mot est-il possible d'utiliser tous les adjectifs ? .................................................

 ## Activité 3

**J'écoute. J'entoure vrai (V) ou faux (F) et je justifie ma réponse.**

a. La personne ne connaît personne à Madrid.  V / F

......................................................................................................................................

b. À Madrid, les rues sont sombres.  V / F

......................................................................................................................................

c. Pendant la journée, il y a beaucoup de gens dans les rues.  V / F

......................................................................................................................................

d. La personne pense qu'il y a beaucoup de bruit à Madrid la nuit.  V / F

......................................................................................................................................

e. Madrid est une ville sans vie.  V / F

......................................................................................................................................

f.  La personne va à Madrid seulement pour faire la fête.  V / F

......................................................................................................................................

## Activité 4

**Je réponds aux questions en utilisant les expressions ou mots de la liste.**

*agréable – ça m'intéresse – j'adore – je préfère – cette ville me plaît parce que*

– Et vous, quelle ville avez-vous visité ? Comment est-elle ? Qu'est-ce que vous avez aimé, préféré ?

– ...................................................................................................................................

......................................................................................................................................

......................................................................................................................................

......................................................................................................................................

# Mon ami québécois

## (81) Activité 5

**J'écoute et je réponds aux questions. Je justifie mes réponses pour les questions d, f, g et h.**

**a.** Dans quelle ville habite Constance en ce moment ? .................................................................................

**b.** Où vivait-elle avant ? ...............................................................................................................................

**c.** Quels sont les deux adjectifs qu'elle emploie pour parler de la ville où elle habite actuellement : ..................

..................................................................................................................................................................

**d.** Elle pense qu'elle ne pourra jamais s'habituer à la ville en France. Vrai ou faux ?

..................................................................................................................................................................

**e.** Quel est le caractère de Constance ? .......................................................................................................

**f.** Elle cherche des gens pour parler et pour faire la cuisine. Vrai ou faux ?

..................................................................................................................................................................

**g.** Elle a une passion pour l'histoire et pour l'art. Vrai ou faux ?

..................................................................................................................................................................

**h.** Elle souhaiterait découvrir les secrets de la région. Vrai ou faux ? ..........................................................

**i.** Quel est son numéro de téléphone ? ........................................................................................................

## Activité 6

**Je complète la réponse adressée à Constance avec les mots de la liste.**

*timide – complètement – bavarde – même – vivant – rapidement – guide –*
*avait accepté – premiers – passionnée – magnifique*

---

○○○

📨 Envoyer maintenant  📨 Envoyer ultérieurement  📇  🔧 ▾  🗑  📎  ✒ Signature ▾  📋 Options ▾  ⬚  🖥 Insérer ▾  ▤ Catégories ▾

À : @ constance.bl@ola.com          De : Luisa.rodriguez@caramel.com

Bonjour Constance,
Je te comprends ........................... . J'étais dans la ........................... situation que toi quand je suis
arrivée en France. Et oui, je suis espagnole... J'ai suivi mon petit ami qui ...........................
une offre d'emploi. C'était le début d'une belle aventure. Mais les ........................... mois ont été
un peu difficiles. Nous vivons dans un petit village ........................... mais pas très ........................... .
J'ai ........................... compris que je ne devais pas être ........................... si je voulais m'intégrer.
C'est vrai que je ne suis pas très ........................... ... Bref, tout cela pour te dire que je serais
enchantée de pouvoir te servir de ........................... car je suis ........................... d'architecture.
Alors, si ça te dit, réponds-moi à cette adresse.
À bientôt, Luisa

---

## Activité 7

**J'indique si je suis d'accord (oui) ou pas d'accord (non) avec les affirmations suivantes.**

| | | |
|---|---|---|
| **a.** Je dis « Alors, voilà ! » pour conclure une histoire. | Oui | Non |
| **b.** Je dis « Ça alors ! » quand je suis surpris(e) par l'histoire. | Oui | Non |
| **c.** Je dis « C'est vrai ? » quand je ne suis pas sûr(e) que l'histoire soit vraie. | Oui | Non |
| **d.** Je dis « C'est l'histoire de… » quand je commence une histoire. | Oui | Non |
| **e.** Je dis « Écoute ! » quand mon interlocuteur m'écoute. | Oui | Non |

## Activité 8

**Je relie les éléments des deux colonnes pour faire des phrases.**

**a.** Anne voulait téléphoner à Aline mais

**b.** Quand il est arrivé sur le quai,

**c.** Je me suis dépêchée de rentrer à la maison

**d.** Je voulais réserver dans un restaurant pour mon anniversaire

**e.** J'ai retrouvé mes amis à 19 h 30,

**f.** Nous avions déjà trouvé quelqu'un pour louer l'appartement quand

**1.** le métro avait fermé ses portes.

**2.** Amélie nous a dit qu'elle voulait déménager.

**3.** ils avaient commencé l'apéritif.

**4.** quand elle est rentrée chez elle Aline lui avait déjà laissé un message sur son répondeur.

**5.** mais le livreur était déjà passé.

**6.** mais mon mari avait réservé deux jours avant.

## Activité 9

**Je conjugue les verbes entre parenthèses au plus-que-parfait.**

**a.** Je (finir) ................................................. mes courses au marché quand je me suis rendue compte que je (oublier) ........................................ la salade.

**b.** Loïc et Andréa (acheter) ............................................. les places de cinéma quand Luc les a appelés pour leur demander d'acheter la sienne.

**c.** Fanny et Nina (partir) ............................................. depuis quelques heures quand leur mère leur a demandé de revenir pour accompagner leur petit frère au match de football.

**d.** Nous (rentrer) .............................................. de notre promenade quand les voisins sont venus nous inviter à dîner.

## Activité 10

**Je conjugue les verbes entre parenthèses au plus-que-parfait ou au passé composé.**

**a.** Je (voir) ................................................. cette pièce de théâtre il y a quelques années, mais je (retourner) ................................................. la voir avec plaisir. À l'époque, je (ne pas comprendre) ................................................. toute la pièce. J'étais trop jeune.

**b.** Quand Raphaël (rentrer) ............................................. chez lui, il (se rendre compte) ................................................. qu'il (oublier) ............................................. d'acheter du pain pour le dîner. Il (passer) ............................................. une mauvaise journée et il (aller) ............................................. directement se coucher, sans manger. Le pauvre !

**c.** Elles (partir) ............................................. en voyage, mais elles (ne pas avoir) ............................................. le temps de lire le guide avant le départ. Ce n'était pas grave car elles avaient 15 heures de vol et quand elles (arriver) ............................................. à destination, elles (pouvoir) ............................................. le lire de A à Z. Ouf, sauvées !

## Activité 11

**Je transforme les adjectifs en adverbes.**

| Adjectif au masculin | Adjectif au féminin | Adverbe |
|---|---|---|
| **a.** doux | ...................... | ...................... |
| **b.** vrai | ...................... | ...................... |
| **c.** facile | ...................... | ...................... |
| **d.** absolu | ...................... | ...................... |
| **e.** franc | ...................... | ...................... |

| Adjectif au masculin | Adjectif au féminin | Adverbe |
|---|---|---|
| **f.** lent | ...................... | ...................... |
| **g.** parfait | ...................... | ...................... |
| **h.** propre | ...................... | ...................... |
| **i.** sérieux | ...................... | ...................... |
| **j.** long | ...................... | ...................... |

# Mon ami québécois

## Activité 12

**Je barre les mots qui ne sont pas des adverbes.**

mouvement – délicatement – vraiment – appartement – croisement – vêtement – lentement – amusement – fortement – aménagement – agréablement – parfaitement – courageusement – poliment – manuellement – avertissement – jugement – suffisamment

## Activité 13

**Je complète les phrases avec les adverbes de la liste suivante.**

*sérieusement – lentement – follement – doucement – vraiment – efficacement – discrètement – sagement – joliment – certainement*

a. C'est incroyable, Jacques fait tout tellement ............................................. qu'il arrive toujours en retard.

b. Emma est ............................................. contente car elle a fait une excellente rencontre hier soir. Cette personne

sera ............................................. une très bonne amie.

c. Le patron de Valentin est satisfait de lui : il travaille ............................................. et ............................................. .

d. Benjamin a ............................................. aménagé son nouvel appartement.

e. Killian est sorti ............................................. de la réunion : personne ne l'a vu se lever.

f. Jade et Amir sont ............................................. amoureux. Je les ai vus, c'est vraiment l'amour fou.

g. Tu parles trop fort. Parle plus ............................................., s'il te plaît.

h. Quand il est venu chercher ses enfants à la garderie, ils étaient ............................................. en train de dessiner.

Ce sont des enfants adorables.

## PHONÉTIQUE

**(82) Activité 14**

**J'écoute les adverbes et je complète le tableau en les écrivant dans la bonne colonne.**

*seulement – prochainement – brusquement – rapidement – agréablement – tranquillement – discrètement – exactement – incroyablement – librement*

| Je prononce le [ə]. | Je ne prononce pas le [ə]. |
|---|---|
| | |
| | |
| | |
| | |
| | |

**(83) Activité 15**

**J'écoute les mots ou phrases suivants et je les répète en faisant attention à la prononciation ou non du [ə].**

a. Demain.  ⇨ À demain !

b. Cette semaine.  ⇨ La semaine prochaine.

c. Le cinéma.  ⇨ J'adore le cinéma.

d. Ne pense plus à lui !  ⇨ Je ne pense plus du tout à lui.

## Activité 1

**J'associe les dessins au sentiment qu'ils expriment.**

a.

b.

c.

d.

e.

la peur     l'espoir     le doute     la joie     la tristesse

## Activité 2

**Je complète la grille de mots croisés.**

Horizontal :
1. Sentiment d'assurance, de garanti.
2. Attendre la réalisation de quelque chose de positif.
Vertical :
a. Sentiment d'angoisse et d'appréhension.
b. Émotion vive et positive qui traduit la satisfaction et le bien-être.
c. État dans lequel il est impossible d'être joyeux.
d. État d'interrogation et d'hésitation.

## Activité 3

**J'écris = quand les deux phrases sont synonymes et j'écris ≠ quand les phrases ont un sens contraire.**

a. Je n'ai pas de certitude.         .......... J'ai un doute.

b. Tu es contente.         .......... Tu as peur.

c. Ils nous attendent ce soir.         .......... Ils souhaitent que nous venions.

d. Il pleure.         .......... Il est triste.

e. Pas de problème.         .......... Elle est sûre d'elle.

f. J'espère qu'il n'aura pas trop de retard.         .......... J'attends depuis 5 minutes.

g. Nous sourions.         .......... Nous sommes contents.

## 84 Activité 4

**J'écoute et j'indique quel sentiment exprime chaque phrase. Je note la lettre de la phrase dans la case correspondante.**

| Le doute | La joie | La certitude | La peur | La tristesse | L'espoir |
|---|---|---|---|---|---|
| Phrases : | Phrases : | Phrases : | Phrases : | Phrases : | Phrases : |
| .......... | .......... | .......... | .......... | .......... | .......... |
| .......... | .......... | .......... | .......... | .......... | .......... |

# Partir ou pas

## Activité 5

**Je réponds par une phrase qui exprime le sentiment indiqué entre parenthèses.**

**a.** Est-ce que tu penses que son problème de santé va se résoudre ?

(certitude) ..............................................................................................................................

**b.** Leïla a obtenu un nouveau poste. Maintenant, elle est responsable d'une équipe.

(joie) ......................................................................................................................................

**c.** Ils se sont séparés après 20 ans de mariage.

(tristesse) ..............................................................................................................................

**d.** Je déteste aller chez le dentiste... surtout à cause du bruit des appareils.

(peur) .....................................................................................................................................

**e.** Tu crois qu'elle va aimer ce cadeau ?

(doute) ...................................................................................................................................

## Activité 6

**Je complète les phrases avec les mots de la liste.**

*décidé – idée – expliquer – penses – explication*

**a.** Marco va vous ................................................. le fonctionnement de cet appareil.

**b.** Je ne sais pas pourquoi il n'est pas venu à la réunion. Il ne m'a donné aucune ................................................. .

**c.** Cette année, Magalie a ................................................. d'arrêter de fumer.

**d.** Et si on partait faire du ski ce week-end ? Qu'est-ce que tu en ................................................. ?

**e.** Faire du ski ce week-end, c'est une excellente ................................................. .

## Activité 7

**J'indique si les affirmations suivantes sont vraies (V) ou fausses (F).**

**a.** Les coordonnées de l'expéditeur se trouvent en haut à droite d'une lettre. ............

**b.** Les coordonnées de l'expéditeur et du destinataire se situent à la même hauteur, sur la même ligne. ............

**c.** La date et le lieu d'expédition se trouvent en dessous des coordonnées du destinataire. ............

**d.** Dans une lettre formelle, il peut y avoir un numéro de référence. ............

**e.** Dans une lettre formelle, je ne dois pas tutoyer la personne. ............

**f.** La formule de politesse n'est pas toujours obligatoire. ............

## Activité 8

**Je barre l'intrus.**

**a.** Formule d'appel dans une lettre formelle : Monsieur le directeur / Madame, Monsieur / Chéri.

**b.** Objet : Lettre de réclamation / Comment ça va ? / Remboursement.

**c.** Formule de politesse finale : Salut / Mes sincères salutations / Respectueuses salutations.

**d.** Signature dans une lettre formelle : Le directeur marketing / Ton amie Pauline / Mme Saitenia.

**(85) Activité 9**

**J'écoute les phrases et j'indique si les verbes qui suivent les expressions du doute et de la peur sont au subjonctif ou à l'infinitif.**

| Subjonctif | Infinitif |
|---|---|
| Phrases n° : ................................................................ | Phrases n° : ................................................................ |

## Activité 10

**Je complète les phrases en mettant les verbes entre parenthèses à la forme qui convient.**

**a.** Je doute qu'il (être réveillé) ........................................... à cette heure-ci.

**b.** Virginie ne pense pas (s'inscrire) ........................................... au club de foot cette année.

**c.** J'ai bien peur que nous (arriver) ........................................... en retard pour le concert.

**d.** Malika doute d'(avoir réussi) ........................................... son examen de conduite.

**e.** Sa mère ne pense pas qu'il (devoir) ........................................... aller chez le médecin pour un simple mal de tête.

**f.** J'ai peur que nous (ne pas avoir) ........................................... assez de chaises pour tout le monde.

**g.** Quand les enfants vont à la campagne, ils ont peur de (marcher) ........................................... sur des fourmis !

**h.** Nous doutons qu'il (pouvoir) ........................................... faire ce trajet en moins de trois heures.

## Activité 11

**J'écris des phrases avec les éléments donnés.**

*douter que – elle – faire le voyage pour son anniversaire* ⇨ *Je doute qu'elle fasse le voyage pour son anniversaire*

**a.** douter de – je – honnêteté de ses paroles

...........................................................................................................................................................

**b.** ne pas penser – Enzo – arriver à temps pour prendre son train

...........................................................................................................................................................

**c.** avoir peur que – Émilie – échouer à son entretien de travail

...........................................................................................................................................................

**d.** douter de – nous – finir ce travail avant demain

...........................................................................................................................................................

**e.** ne pas croire que – Alix – accepter ces conditions de travail

...........................................................................................................................................................

**f.** douter que – nous – pouvoir faire une bonne équipe de sportifs

...........................................................................................................................................................

**g.** ne pas croire que – vous – avoir le temps de vous reposer

...........................................................................................................................................................

# Partir ou pas

## Activité 12

**Je complète les phrases avec les mots de la liste.**

*il y a (× 2) – il y a … que – depuis – depuis que (× 2) – jusqu'à – pendant – pendant que*

a. ........................................ Martine est arrivée, elle n'arrête pas de parler.

b. ........................................ 20 ans, il n'y avait pas de baladeur mp3.

c. ........................................ Alexandre donne le bain au petit, Amandine prépare le dîner.

d. Nous sommes restés à discuter ........................................ 5 heures du matin.

e. ........................................ trois ans, je ne savais pas parler allemand. Mais j'ai pris des cours intensifs ........................................ deux ans et maintenant je parle très bien.

f. ........................................ Victor est rentré de voyage, il n'arrête pas de parler de bouddhisme.

g. ........................................ longtemps ........................ je n'ai pas vu mon frère.

h. ........................................ son accident de voiture, il ne peut plus plier le genou correctement.

## Activité 13

**Je raconte l'histoire de Valentine avec** *depuis* **/** *depuis que* **et** *il y a / il y a … que*.

........................................................................................................................

........................................................................................................................

........................................................................................................................

## PHONÉTIQUE

 **Activité 14**

**J'écoute les personnes qui parlent et je note dans le tableau si elles expriment un sentiment positif ou un sentiment négatif.**

| Phrase | Sentiment positif | Sentiment négatif |
|--------|-------------------|-------------------|
| a. | ✗ | |
| b. | | |
| c. | | |

| Phrase | Sentiment positif | Sentiment négatif |
|--------|-------------------|-------------------|
| d. | | |
| e. | | |
| f. | | |

**(87) 1.** J'écoute un message laissé à la radio dans le programme « Amitiés perdues, amitiés retrouvées » puis je réponds aux questions.

**a.** Comment s'appellent les deux amies ? .......................................................................................

**b.** À quoi correspondent les 10 ans, 20 ans et 30 ans dont il est question dans le message ? ...............

**c.** Comment se sont-elles rencontrées ? .......................................................................................

**d.** Quel adjectif emploie Françoise pour parler de Martine le jour de leur rencontre ? .........................

**e.** Quel événement a mis fin à leur amitié ? .................................................................................

**f.** Est-ce que Martine a essayé de reprendre contact avec Françoise à son retour de voyage ? ...............

**g.** Pourquoi ne se sont-elles pas revues ? ...................................................................................

**h.** Est-ce que Françoise est fâchée contre Martine ? ......................................................................

**2.** J'écris des phrases avec les éléments donnés.

*Douter que / Martine écrire ou appeler* ⇨ *Françoise doute que Martine lui écrive ou l'appelle.*

**a.** Avoir peur que / Martine ne pas répondre

.....................................................................................................................................

**b.** Avoir peur de / ne jamais connaître la raison de son silence

.....................................................................................................................................

**c.** Espérer / Martine entendre le message

.....................................................................................................................................

**d.** Être triste / Martine ne pas répondre

.....................................................................................................................................

**e.** Être certaine / se retrouver

.....................................................................................................................................

**3.** Le facteur s'est fait attaquer par le chien du voisin qui a déchiré la lettre de Martine en plusieurs morceaux.

**a. Je remets les éléments de la lettre dans l'ordre et j'indique leur place en notant leur numéro sur la lettre, p. 93.**

**b. Je remets les mots suivants à leur place dans la lettre (les majuscules n'ont pas été enlevées).**

> *très – pendant – Évidemment – J'avais décidé – J'espère que – n'avais pas imaginé – Actuellement – J'avais peur que – sincèrement – jardin – explications – croyais – il y a – calme et agréable – j'avais réfléchi – puissions – j'avais fait*

Je suis restée loin de chez moi ................................ un an et demi (au lieu des 6 mois prévus). Quand je suis

rentrée, j'avais fait le point, ................................ . Tout allait mieux. Mais j'avais honte de ce que ................................ .

Alors, je n'ai pas eu le courage de te rappeler. ................................ tu sois fâchée.

**1.**

Chère Françoise,

Je suis ................................ contente de savoir que tu ne m'en veux pas. Je suis ................................ désolée

**2.** de ce qui s'est passé.

Martine Fougairolles
8 rue de Mazagran
11000 Carcassonne

3.

4. ........................... tu me pardonneras et je souhaite vraiment que nous
........................... retrouver notre amitié perdue.

Françoise Ruison
5 rue des Orgues
13004 Marseille

6.

Effectivement, je te dois des ........................... Tu sais qu'........................... 20 ans,
je n'allais pas très bien. J'avais envie de partir loin et de ne plus avoir de contact
avec personne. Je ........................... que mon attitude te ferait du mal.

5.

8. Bien à toi,

........................... de partir pour recommencer ma vie.
Je ........................... que c'était une bonne solution.
........................... ça ne l'était pas.

7.

3.

........................... je vis toujours à Carcassonne
avec ma famille dans un très joli quartier fleuri,
très ........................... . Nous habitons dans une
grande maison avec un immense ........................... .
J'espère que tu la verras bientôt.

9.

Ton amie Martine

**4. Françoise écrit à Martine pour lui raconter les changements dans sa vie depuis son départ. Je complète les phrases avec** *il y a (que)* **/** *pendant* **/** *depuis (que)***.**

a. ........................... tu es partie, j'ai beaucoup changé.

b. ........................... 20 ans, je n'avais pas d'enfant et aujourd'hui j'en ai deux.

c. J'étais très triste ...........................ton absence.

d. ........................... 10 ans ........................... je suis divorcée de mon premier mari.

e. ........................... 5 ans, je suis remariée.

**5. J'écris comment Françoise et Martine se sont retrouvées. Je remplace les mots en gras par des adverbes.**

a. Elles se sont retrouvées **vite** après le message de Françoise. Elles se sont retrouvées ...........................

b. Elles se sont retrouvées **de manière agréable**. Elles se sont retrouvées ...........................

c. Elles ne se sont pas parlé **de manière méchante**. Elles ne se sont pas parlé ...........................

d. Maintenant, elles se voient **de façon régulière**. Elles se voient ...........................

**6. Avec mon voisin, je dis ce que je pense d'une amitié comme celle de Françoise et Martine. Je raconte une expérience identique (inventée ou réelle).**

Les descripteurs du *Cadre européen commun de référence pour les langues* permettent d'expliquer les compétences de communication attendues à chaque niveau.

Après les 9 jours d'**Agenda 2**, j'évalue mes progrès et ce que je peux faire au **niveau A2**.

| LIRE | Un peu | Assez bien | Bien |
|---|---|---|---|
| Je peux comprendre des textes et identifier l'information pertinente dans la plupart des écrits simples rencontrés tels que des lettres, des brochures et de courts articles de journaux décrivant des faits. | | | |
| Je peux reconnaître les principaux types de lettres habituelles (demandes d'information, commandes, confirmations, etc.) sur des sujets familiers. Je peux comprendre une lettre simple et brève. | | | |
| Je peux comprendre les signes et les panneaux courants dans les lieux publics tels que les rues, les restaurants, les gares ; sur le lieu de travail pour l'orientation, les instructions, la sécurité et le danger. | | | |
| Je peux trouver un renseignement spécifique et prévisible dans des documents courants simples tels que des prospectus, des menus, des annonces, des inventaires et des horaires. Je peux localiser une information spécifique dans une liste et isoler l'information recherchée. | | | |
| Je peux comprendre le mode d'emploi d'un appareil d'usage courant comme un téléphone. Je peux comprendre un règlement concernant, par exemple, la sécurité, quand il est rédigé simplement. | | | |

| ÉCOUTER | Un peu | Assez bien | Bien |
|---|---|---|---|
| Je peux comprendre des expressions et des mots relatifs à des informations familiales et personnelles comme les relations familiales, le physique et le caractère. | | | |
| Je peux comprendre des informations chiffrées telles que l'heure, le prix, la date, la quantité, le numéro de téléphone... | | | |
| Je peux comprendre des instructions simples pour réaliser une tâche de la vie quotidienne ou une activité, comme se soigner, acheter ou faire fonctionner un appareil. | | | |
| Je peux comprendre la géographie d'un lieu et des indications simples pour aller d'un point à un autre, à pied ou en transports en commun. | | | |
| Je peux comprendre un message personnel indiquant des sentiments, des hypothèses sur un événement passé ou à venir. | | | |
| Je peux comprendre les informations d'une annonce ou d'un message simple et clair sur un emploi. | | | |

# en français

| ÉCRIRE | Un peu | Assez bien | Bien |
|---|---|---|---|
| Je peux remplir un formulaire avec des informations person-nelles. | | | |
| Je peux écrire une suite de phrases et d'expressions simples sur mes conditions de vie, ma formation, mon travail actuel ou passé. | | | |
| Je peux écrire sur les aspects quotidiens de mon environ-nement, par exemple les lieux, le travail ou les études. | | | |
| Je peux écrire un message à des amis et donner des infor-mations pratiques. | | | |
| Je peux écrire des biographies imaginaires et des poèmes courts et simples sur les gens. | | | |
| Je peux faire une description d'expériences personnelles, d'événements et d'activités passées ou à venir. | | | |

| PARLER | Un peu | Assez bien | Bien |
|---|---|---|---|
| Je peux établir un contact social : salutations et congé ; présentations ; remerciements. | | | |
| Je peux demander et fournir des renseignements personnels. Je peux faire et accepter une offre, une invitation et des excuses. | | | |
| Je peux poser des questions, répondre à des questions et échanger des idées et des renseignements sur des sujets familiers relatifs au travail et aux loisirs. | | | |
| Je peux répondre à des questions sur les activités et en poser. Je peux donner et suivre des directives et des instructions simples. | | | |
| Je peux obtenir des renseignements simples sur un voyage, utiliser les transports publics (bus, trains et taxis), demander et expliquer un chemin à suivre, ainsi qu'acheter des billets. | | | |
| Je peux poser des questions et effectuer des transactions simples dans un magasin ou un bureau administratif. Je peux faire un achat simple en indiquant ce que je veux et en demandant le prix. Je peux commander un repas. | | | |
| Je peux discuter du programme de la soirée ou du week-end, faire des suggestions et réagir à des propositions. Je peux discuter de l'organisation d'une rencontre et de ses préparatifs et dire ce que je pense des choses. | | | |

100%
PAPIER RECYCLÉ
3.1244.121

Achevé d' imprimer en Italie par Rotolito Lombarda
Dépôt légal : 12/2011 - Collection n° 08
Edition 02 - 15/5805/5